医療消費者論

田村 久美 〔著〕
Kumi Tamura

泉文堂

序

　筆者は，消費者教育論，生活経営学を専門領域としている。研究の過程で，「消費者」は「医療」に対してどのように向き合っているのだろうか，という素朴な疑問がわいた。二つのキーワードに関連する文献を読み進めていくうちに，「医療消費者」という言葉を見つけた。その瞬間，衝撃を受けたと同時に，消費者教育に関する新たな開拓分野になると強く感じた。それ以降，「医療消費者」についての研究を始めて，今年で11年目を迎える。

　医療に関わるきっかけとなったのは，現職の関係で医療福祉に触れるようになったことに起因している。医療事故・過誤の頻発や医療費高騰，患者の権利の意味を履き違えるモンスターペイシェントの横行などの実態の詳細を知るようになった。

　治療を受ける，指示された薬を購入し飲むなどの行為は，無償で与えられるものではない。一部負担の保険医療であっても，すべて対価が発生する。これは医療機関と患者との間で取り交わされる医療サービス上の契約である。ならば，「消費者」と「医療」の間には何か接合点があるのではないか。こうした点に不明瞭さを感じ，関連文献を読みあさるうちに「医療消費者」に辿り着いた。また，"医療サービスを買う患者は消費者である"，"賢い医療消費者になろう"を主張してきたNPO法人などの存在も知ることができた。先駆者の取り組み活動や先行研究を知るにつけ，筆者自身の研究にも拍車がかかった。医療を受ける主体は患者であり，患者は客体ではない。治療を施すのは医師などの医療従事者である。時に医療従事者が患者にもなる。患者の意思を代行するとか，生活を支えるのは家族である。チーム医療が一つの生命を護る，その一人ひとりはすべて医療消費者なのである。

　本書をつうじて，読者が各々の立場から「医療消費者として医療にかかわるとは何か」を考える機会になれば幸いである。

最後に,「医療消費者論」を,将来医療従事者を目指す学部学生や大学院生に講義という形で伝える機会をくださった学科並びに大学院教員のご理解に感謝する。

　また,筆者が研究者として歩み始めてから今日までの15年間,どのようなときも変わらぬご指導と叱咤激励をくださった恩師の水谷節子先生には感謝の念に堪えない。

　念願の本書の出版にあたっては,泉文堂の佐藤光彦氏に大変なご尽力をいただいた。記して深謝申し上げる次第である。

　2016年　柳がそよぐ白壁の街

筆　者

目　　次

序 ……………………………………………………………………………… i

第1章　医療消費者の"消費者"とは

1　医療消費者の"消費者"とは …………………………………………1
　(1)　消費者の概念 ……………………………………………………1
　(2)　消費者問題の変遷 ………………………………………………3
　(3)　消費者の権利 ……………………………………………………5
　(4)　消費者の責任 ……………………………………………………6

2　消費者問題と企業の社会的責任 ………………………………………8
　(1)　組織に問われる社会的責任とは ………………………………8
　(2)　基礎概念としての企業の社会的責任 …………………………8

3　病院に問われる社会的責任 …………………………………………10
　(1)　病院の不祥事による医療事故 …………………………………10
　(2)　震撼させた医療事故の事例 ……………………………………10
　(3)　問われる病院の社会的責任 ……………………………………11

第2章　介護サービスからみる医療サービス消費とは

1　介護サービスと消費者の関係性 ……………………………………15
　(1)　介護サービスを消費者視点で捉える …………………………15
　(2)　「介護サービス」消費における消費者とは ……………………19
　(3)　介護サービスの意思決定にかかわる消費者（サイモンの意思決定理論の展開から）………………………………………20

i

2　「介護サービス消費」の意思決定プロセス概念に
　　　近似的な「医療サービス消費」の捉え方 …………………21
　　　⑴　介護サービスに対する被介護者自身の直接的意思決定 …………21
　　　⑵　家族介護者を通じた被介護者の間接的意思決定 …………………22
　　　⑶　介護サービスに対する家族介護者の直接的意思決定 ……………22
　　　⑷　医療サービス消費とは …………………………………………23

第3章　福祉ガバナンスと医療ガバナンス

　1　コーポレート・ガバナンスの定義 ………………………………25
　　　⑴　ガバナンスの概念 ………………………………………………25
　　　⑵　コーポレート・ガバナンスとは ………………………………28

　2　福祉ガバナンス ………………………………………………………29
　　　⑴　ガバナンスの概念と高齢者福祉 …………………………………29
　　　⑵　自立・共同・共生と公・共・民の関係性 ………………………29
　　　⑶　福祉ガバナンスとは－3つの場（在宅・施設・地域）－ ………31
　　　⑷　在宅・施設・地域－3つの場の相互関係－ ……………………36

　3　医療ガバナンスとは－医療消費者・医療関係者・
　　　医療機関との関連－ ……………………………………………… 37

第4章　医療消費者の系譜

　1　コンシューマリズムの再興 ………………………………………41
　　　⑴　医療消費者の原拠をたどる ……………………………………42
　　　⑵　日米の医療に関連した運動 ……………………………………43

　2　生命にかかわるコンシューマリズムの概念 ……………………52

　3　医療サービスを利用する患者と消費者の関係 …………………55

第5章　医療消費者の概念

1 医療消費者の概念整理……………………………………………61
　(1) 「消費者」と「"医療"消費者」とは何が違うのか………………62
　(2) 医療消費者の概念……………………………………………66
2 医療消費者の自立支援にかかわる教育……………………………68
　(1) 医療サービス提供者からみる医療消費者…………………68
　(2) 医療サービス受給者としての医療消費者…………………69

第6章　病院の医療消費者志向

1 病院管理からみる事務スタッフの役割変化……………………73
　(1) 事務スタッフの職種とそのポジション………………………74
　(2) 求められる事務スタッフの機能………………………………76
2 医療消費者志向の基本指針………………………………………78
　(1) 病院における消費者視点と患者満足………………………78
　(2) 患者満足度の追究から迫る3つの基本指針…………………79
　(3) 医療消費者志向の指針を備えた事務スタッフの組織機能……83
3 医療従事者による「医療消費者」としての認知………………84

第7章　医師に求められる消費者視点

1 医師と患者の双方から捉える医療参加の必要性………………87
2 医療に参加する主体………………………………………………89

3　人間尊重を基調とした医師の医療参加 ……………………93
　(1)　医師に求められる真の患者理解 ………………………93
　(2)　医師に求められる消費者参加 …………………………96

4　医師のための医療に関する消費者教育 ……………………98

第8章　医療消費者の権利と責任とは

1　医療安全のための患者参加 ……………………………… 101
2　各機関等が提示する「患者の権利と責任」の内容 ……… 103
　(1)　支援団体などによる内容 ……………………………… 103
　(2)　医療機関側が提示する患者の権利と責任の内容 …… 107
3　患者における権利と責任の行動指針とは ……………… 111
4　医療消費者に不利益を及ぼさない医療事務職の
　　権利と責任 ………………………………………………… 114
　(1)　医療消費者に及ぼす利害の推論 ……………………… 114
　(2)　医療事務職の消費者志向とは何か …………………… 115

引用・参考文献 ……………………………………………… 121

第1章
医療消費者の"消費者"とは

> 本書の目的は，近年散見される医療消費者という言葉の本来的な意味を探ることです。導入として，まず本章では，医療消費者の語彙に使われる「消費者」の概念について理解を深めます。

1　医療消費者の"消費者"とは

(1) 消費者の概念

　消費者とは，他者が供給する物質や役務（サービス）を自己の生活のために購入し，消費する者のことです。つまり，すべての人間は生存している限り「消費者」であり，私たちは生活者として，日々消費を繰り返しています。この生活基盤となる行動を「消費者行動」といいます。

　消費の対象となる商品は，提供者である企業等が製品を生産，流通し，消費者の手に商品として渡ります。この過程で消費者にとって重要な段とは，購買行動としての意思決定（decision-making）です。しかし，消費者が購入に直接繋がる意思決定には，生産側から提示されたさまざまな情報を頼りにするより他ありません。換言すれば，広告や表示などから得られるその情報を，消費者はある程度正しいと信じなければ意思決定ができないわけです。

　生産（商品提供者）と消費（商品受給者）には，市場原理の機能が働きます。しかし，消費者にとっては「情報の非対称性」が発生しています。つまり，強

い立場と弱い立場という二立が存在し，二つの間にはみえない壁が生じ，消費者にとって不利益に働く場合があります。例えば，企業は，直接消費者に向けマーケティングリサーチを行い，その結果から次々と戦略を構築していきます。一方，消費者の消費行動は，市場に発信される情報を入手し，購入するかどうかの決断（意思決定）をします。また，判断しがたい状況下であっても，「自分の欲求充足」にもっとも近い商品やサービスを，その都度手に入れなければならないこともあります。こうした判断に迷う状況でも，消費者は日々消費を繰り返しています。

　情報の非対称性が生む，納得した消費行動への判断の難しさと消費トラブルは，いつの時代も繰り返し発生しており，すべてが充足されることはありません。なかには，粗悪な宣伝を偽りと見破れず，消費者が欠陥商品を購入してしまうこともあります。深刻な消費者問題へと発展した事例は後を絶ちません。したがって，消費者問題に巻き込まれない「賢い消費者」の育成は，消費者にとって不可欠な能力の一つといえます。結果，消費者は，企業の情報を消費者自身で適正に判断できる意思決定力が求められる「賢い消費者」が強調されてきたのです。

　1960年以降の技術革新により，国民の生活は大きく変貌を遂げました。そのなかで，消費者は，「自立をめざす・強い消費者」へと変化していきます。1968年5月には，長く弱者の立場を強いられた消費者の消費行動を保護する法として「消費者保護基本法」が制定されました。法律の概要は，「消費者の利益の擁護及び増進に関する対策の総合的推進を図り，もって国民の消費生活の安定及び向上を確保すること」を目的としています。さらに，2004年6月に消費者保護基本法に代わり「消費者基本法」が制定されました。消費者が「保護」から「自立」する主体へと変化していく瞬間です。その翌年には，消費者が安全で安心できる消費生活を送る環境を整備するため，消費者基本計画が閣議決定されました。そのなかには，「消費者教育の推進体制の強化」が明記されています。すなわち，消費者保護基本法の下では消費者の権利は認められにくく，消費者問題が生じた場合に，問題発生ごとに個別の法律をつくる。そう

することで，行政が消費者を保護するという消費者行政が一貫して行われてきたわけです。

　しかし，浸透してきたように思えた，わが国の消費者自立をめざす消費者教育は長く立ち遅れた状態にありました。その象徴として，「物を選ぶノウハウに（は）詳しい消費者」という消費者像に表れているといえます。すなわち，「賢い消費者」には消費者自身が消費者問題に立ち向かい，自ら問題解決できる行動をとる，という意味は包含されていなかったのです。消費者の権利行使ができない弱い消費者に対し，保護されればよいといった消費者行政のスタンスは，次第に「消費者の権利」を認める方向に修正されていきます。その後に，「消費者の8つの権利」（後述）を明示した消費者基本法が施行されました。

　しかし，このような消費者基本法により消費者の保護がなされるとはいえ，「消費者はどのような場合でも保護される」という誤った認識，解釈は避けなければなりません。自らの意思決定に基づく消費行動には，消費者の権利に対して「消費者の責任」が伴います。したがって，消費者は，消費者の権利と責任とは何かについて，正しい理解に立つ行動が求められます。その行動こそが，自分の身を護ることに繋がることの再認識となります。

(2) 消費者問題の変遷

　企業だけではなく，病院や行政における「不祥事」という言葉やそれが指す意味や内容は，すでに広く一般に知られています。例えば，近年の企業不祥事であれば，「ずさんな食品衛生管理，食肉の産地偽装，農薬や香料の不正使用，粉飾決済，製品の欠陥隠匿，設備点検の虚偽記載」「小麦加水分解物を含有する『茶のしずく石鹸』によるアレルギー発覚」「貴金属等の訪問買い取り（押し買い）のトラブル被害多発」，「中国産冷凍ギョウザによる中毒事故」あるいは「顧客情報の漏洩や列車脱線事故」など，まだ記憶に新しいところです。こうした組織の不祥事というのは，近年，特に頻発している訳ではありません。2000年以降も企業等が起こした消費者問題が，甚大な被害を消費者に与えています（表1）。

表1　組織の主な不祥事一覧

2000年	三菱自動車リコール隠し事件
2000年	雪印乳業集団食中毒事件
2001年	東京女子医科大学病院医療事故・隠蔽事件
2002年	東京電力・東北電力・中部電力原発点検の虚偽記載，隠蔽事件
2002年	雪印食品・日本ハム牛肉偽装事件
2002年	ダスキン（ミスタードーナツ）無認可添加物入り肉まん事件
2002年	三菱ふそうトラック車輪脱落死傷事故
2002年	慈恵医大青戸病院医療事故
2003年	NTTドコモ関西など相次ぐ個人情報漏洩事件
2005年	JR西日本宝塚線（福知山線）脱線事故
2005年	耐震強度偽装事件
2006年	ライブドア事件
2006年	シンドラー社製エレベータ故障死亡事故
2007年	JACCSカード会員情報約15万件個人情報流出
2007年	ミートホープ食肉偽装事件
2007年	白い恋人賞味期限改ざん問題
2008年	新日鉄データねつ造事件
2009年	ファミリーマートのおにぎり偽装事件
2009年	田辺三菱製薬の試験データ改ざん事件
2010年	新横浜プリンスホテル賞味期限切れXマスケーキ販売
2011年	東海市民病院，20年間体内にガーゼ放置
2012年	「焼肉酒家えびす」和牛ユッケで集団食中毒
2012年	悠香「茶のしずく石鹸」小麦アレルギー
2013年	陸援隊（千葉県）高速ツアーバス46人死傷事故
2013年	明治（プリン）微生物影響による風味劣化で自主回収，販売休止
2014年	東京慈恵会医大，治療薬ディオバンの効果を人為的データ操作
2015年	美白化粧品（カネボウ）の白斑被害
2015年	美容形成手術（品川美容外科）損害賠償訴訟（3例目）
2015年	司法試験問題漏えい事件（法科大学院）
2015年	旭化成施工データ改ざん問題

　しかし，安全であると信じられていた医療においても同様で，医療事故や医療過誤そしてその隠匿，または関連企業との癒着など病院不祥事が多発しています。例えば，1900年代は，48年にジフテリアやBCGの予防接種による中毒者が続出し，重い後遺症，死者が発生しました。61年サリドマイド睡眠薬事件，スモン事件など薬害事件が多くありました。さらに，97年ミドリ十字薬害エイ

ズ事件，99年㈱JOC原子力事故，99年横浜市立大学附属病院患者取り違い事故などがあります。

　こうした消費者問題は，戦後からすでに発生しており，1946年食糧メーデーを始め，1948年昭電疑獄など企業と政治家との間の贈収賄事件が相次ぎました。その後1955年のイタイイタイ病の表面化以降，60年代を中心に公害問題などが社会問題と化しています。また，森永ヒ素ミルク中毒事件は世界最大級の商品公害といわれました。1970年代に入ると，オイルショックによる世界的な景気低迷と前後して，政府（ウォーターゲート事件など）や企業の不祥事（ロッキード事件など）が国内だけでなく世界各国で広まりました。

　この頃から，「企業の社会的責任（CSR：corporate social responsibility）」が盛んに論じられるようになります。さらに，1988年にはリクルート事件，1990年代に入ると，ゼネコン汚職，銀行や証券会社などの相次ぐ総会屋利益供与事件などが起こり，わが国では「経営倫理」，「企業倫理」論が展開されるようになっていきました。とはいえ，結果として組織不祥事は，消費者トラブルや消費者問題を深刻化させ，消費者の生活あるいは生命に大きな陰を落としたのです。

　しかし，このような生活・生命が脅かされる事態から危機感をもった消費者は，自身の生活を護り，より安心・安全な生活を手に入れるために立ち上がりました。これまで沈黙を続けていた消費者による権利の主張です。

(3) 消費者の権利

　「消費者の権利」の黎明は，イギリス・ランカシャーに1884年設立された消費者協同組合が端緒といわれています。

　わが国においては，1945年に大阪の主婦らが粗悪品追放を掲げ「おしゃもじ運動」（物資獲得運動）が発生しています。これがわが国における消費者運動の始まりとされています。また，1948年には主婦連合（主婦連）が「不良マッチ運動」（マッチの配給制度廃止）を起こしました。それ以降，消費者は消費者主権確立のために，地道で過酷な運動を繰り返し，今日の地位を築いてきた

のです。なお，消費者運動についての詳しい内容は第3章で取り上げます。

消費者の権利は，1962年アメリカ35代大統領ジョン・F・ケネディが選挙の公約として「消費者利益に関する特別教書」のなかで宣言しました。その内容とは，①安全を求める権利，②知らされる権利，③自由選択の権利，④意志が反映される権利の4つです。これらは，その後の消費者の権利を確立する役割を果たすことになります。ケネディによる権利の提唱後の1975年には，同国38代大統領ジェラルド・フォードにより，第5の権利「消費者教育を受ける権利」が追加されました。

また，消費者団体の国際組織である国際消費者機構（CI：Consumers International）は，消費者の権利として7つを挙げています。①生存するために，必要な基本的な物とサービスを得る権利，②安全の権利，③情報を受ける権利，④すべての消費者の利害に関することについて相談を受ける権利，⑤損害に対する補償または救済措置を享受する権利，⑥消費者教育を受ける権利，⑦健全な環境を享受する権利，です。

こうして，「消費者の8つの権利」（表2）が定着してきたのです。

表2　消費者の権利

①　基本的ニーズが保障される権利（The Right to Basic Needs）
②　安全が保証される権利（The Right to Safety）
③　情報＝説明が与えられる権利（The Right to be Informed）
④　選択＝自己決定する権利（The Right to Choose）
⑤　意見が聞き届けられる権利（The Right to be Heard）
⑥　救済＝補償を受ける権利（The Right to Redress）
⑦　消費者教育を受ける権利（The Right to Consumer Education）
⑧　健全な環境で生きる権利（The Right to Healthy Environment）

(4) 消費者の責任

国際消費者機構（CI）は，「消費者の権利」を強調する一方で，「消費者の責任」についても明記しています。消費者は，権利ばかりを主張せず，権利行使を正当に行うために，消費者の立場としての責任も果たさなければならない，

というものです。この消費者の責任には，商品・サービスの用途・価格・品質等について「批判的な意識をもつ消費者となる責任」など5つがあります（表3）。

表3 消費者の5つの責任

① 商品・サービスの用途・価格・品質等について 「批判的な意識をもつ消費者となる責任（Critical Awareness）」
② 公正な取引が実現されるように 「行動する責任（Action and Involvement）」
③ 自らの消費者行動が他者に与える影響を考慮に入れる 「社会的関心をもつ責任（Social Responsibility）」
④ 自らの消費者行動の結果が環境に与える影響を理解する 「環境への自覚の責任（Ecological Responsibility）」
⑤ 消費者の利益を擁護し促進するために，消費者として団結・連帯する 「団結・連帯する責任（Solidarity）」

権利の主張と責任を果たす消費者は，自立した消費者あるいは参画する消費者といえますが，そこには自身の消費行動における自覚と強い意識，さらには行動が伴わなければなりません。そのためには，こうした自立した消費者育成を目的とする学校教育が期待されるところです。

権利と責任については，2012年から一部，中学校学習指導要領において追加されました。この点では，消費者への教育機会の拡大が少し窺えます。しかし，わが国の消費者教育の取り組みは，各教育機関などで実施されてはいるものの，教育する側も教育を受ける側もその内容が消費者教育であることの意識が十分にあるとはいえないのが現状です。実際に，消費者被害や消費者問題は減少することはなく増加の一途を辿っています。このことから，消費者教育推進法を契機として，いかに消費者市民社会の意識をもった消費者を育成していくかが，今後の主要課題の一つといえます。

2　消費者問題と企業の社会的責任

(1)　組織に問われる社会的責任とは

　近年,各業界において企業の社会的責任(Corporate Social Responsibility：CSR)の取り組みが顕著となっています。相次ぐ企業不祥事等を契機として注目が集まったことからも,消費者による企業評価の意識は一層高まりました。つまり,消費者は,商品の安全性,環境への配慮,企業倫理といった点も含めて企業を選別する,という意識の変化が表れているのです。このような背景によりCSRの範囲は拡大しました。

　その内容には,法令・社会的規模の遵守,有用な製品・サービス提供,収益の獲得と納税,株主利益の保護だけではなく,環境配慮,消費者保護,積極的な情報開示,文化・スポーツ活動への理解と支持,教育・医療の仕事への助力,市民活動の支援なども含まれています[1]。また,「環境諸主体(株主,債権者,労働者,得意先,消費者,地域住民,政治・自治体)の経済的ならびに社会的(非金銭的)欲求を充足するためになさなければならない義務あるいは職務」[2]とも認識されています。しかし,組織の社会に対する責任は,企業のみならず,医療機関や教育機関など集団である組織に対して強く問われるようになりました。

　さらには,社会のなかで生活する私たち消費者にも,CSRの意味を理解した消費行動を取る必要があります。ここでは,CSRの時代的背景と企業がCSRに取り組むことで,何が変わろうとしているのか。また,労働者の職務意識と消費者の消費行動に影響を及ぼす内容と,その動向について考えてみます。

(2)　基礎概念としての企業の社会的責任

　わが国では,高度経済成長が終盤に差し掛かった時期から,成長期には発生しなかった公害問題や消費者問題が顕著となった時代があります。このような

第1章 医療消費者の"消費者"とは

事象から企業は，利潤追求だけではなく，企業のあり方，いわゆるCSRに照合した経営行動を取り始めるようになりました。CSRは，1970年代を皮切りに関心事となっていきます。リクルート事件を始め数々の企業不祥事が発覚，頻発したことで，企業に対する社会や消費者の目が厳しく糾弾され始めたことによるものでした。「企業は『社会の中の企業』3）であるがゆえに，社会のモラル，ルールを遵守することで社会の繁栄に貢献することができる。」4）ことを逸脱した結果として招いてしまったのです。このような事象から，今日一層CSRが注視されていることは自明の理といえます。

このCSRをめぐる議論には，社会的責任肯定論と社会的責任否定論*1のそれぞれの見解があります。本書では，「企業の営利目的を否定して，人類の向上発展あるいは社会の福祉に積極的，自律的に貢献するという意味での社会的責任を企業の目的追求におかねばならない」5）とする肯定論の見解に基づいて展開していきます。それは，CSRについて早期から研究を重ねてきたCED（経済開発委員会）が指摘するように，企業には，a．経済的機能を効率的に果たすという基本的責任が根底にあるからです。次に，b．その機能を果たすに当たっては，変化する社会的価値や優先順位に対して考慮すべき点，c．企業は社会環境の積極的改善に幅広く関与すべく責任を負う。企業の責任はこの三つで形成されていると考えられており，CEDはこうしたa，b，cを「三つの同心円」6）と称しています。

そもそもCSRの概念は，『ビジネスマンの社会的責任』（Howard R. Bowen）において，「ビジネスマンの社会的責任は，今日の社会における目標や価値にとって望ましい方策を追求し，決定を下し，その一連の活動に従うビジネスマンの義務にあたる。」7）と記されたことから始まっているといわれています。以降，統一的定義は定まらないものの，一般的な解釈としては，法律を守り有用な製品・サービスを提供し，税金を納め，収益を株主に還元するという責任，さらに環境への配慮，社会活動への配慮，積極的な情報開示，誠実な顧客対応などと捉えることができます8）*2。つまり企業は，社会，従業員や株主，消費者，地域などのステークホルダーとの関係で起こる社会問題に対

処すること，また社会ニーズに対しても効果的かつ能率的に対応する公共責任や社会的義務がある，という観点に拠っているのです。こうして今日，各組織が果たすべき社会的責任の内容を企業理念や運営理念に定め公開し，従業員の意識変革を図ることで，ステークホルダーからの評価を得る時代へと変化しているのです。

　わが国では，2003年頃に企業不祥事が続発したことでCSRへの注目が顕著となりました。その後，組織の社会的責任の追求は，企業に留まらず，医療機関や福祉施設，教育機関などのさまざまな組織においても問われています。

3　病院に問われる社会的責任

　ここでは，医療機関の社会的責任に特化し，医療トラブル，医療過誤・事故などの問題からその変遷と所以について探ります。

(1)　病院の不祥事による医療事故

　医療事故報告件数データによると，2005年（平成17年）1,114件，2014年（平成26年）は2,911件で，10年で約2.5倍以上の増加がみられます。このうち死亡事故数は，順に143件（12.8％），225件（7.7％）です。ヒヤリ・ハット報告件数も，2005年18.2万件，2010年には27.7万件に増加しましたが，2011年には15.9万件と急減，その後2014年は18.3件と微増が続いています[9) 10)]。

(2)　震撼させた医療事故の事例

　安全性が高いという認識がもたれていた医療でしたが，ある医療事故によりそれを一遍恐怖に陥れたといわれています。それが，1999年に横浜市立大学医学部附属病院で起こった患者取り違え事故と，2001年に東京女子医科大学病院で起こった人工心肺装置の操作ミスによる患者の死亡事故および隠蔽です。

　前者は，当時，病床数620床，診療科目21診療科，医師・歯科医師222人（うち病院教員98人），特別職診療医師72人，研修医150人，看護婦・士等665人，

臨床検査技師53人，放射線技師38人，薬剤師32人，その他医療技術系30人，事務職員73人，その他50人，計1,385人の大病院でした。厚労省から特定機能病院（地域の一般病院や診療所からの紹介患者の診療を基本とし，高度医療のための人員，設備，技術水準を備えた病院）の認可を受けていました。

当病院で発生した医療事故は次のような状況です。1999年1月11日，外科病棟（第一外科）の患者A氏（74歳，男性，心臓疾患），B氏（84歳，男性，肺腫瘍の疑い）の手術を行う際，2人を取り違え，それぞれ本来行うべき手術（A氏に僧帽弁形成術または僧帽弁置換術，B氏に開胸生検，右肺上葉切除手術，リンパ節郭清）とは異なる手術（A氏に右肺嚢胞切除縫縮手術，B氏に僧帽弁形成術）を行っていました。A氏もB氏も当時は命に別状はなかったと報告があります（その後，A氏は胃がんで同年10月，B氏は2000年10月に死亡）。

後者の事故は，手術中の人工心肺装置の操作ミスによる患者の死亡事故，およびその死亡事故を隠蔽するというもので，医療や病院への一層の不信感を与える事件でした。

東京女子医科大学病院は2004年当時，病床数1,423床，診療科目36診療科，医師907名，看護師1,164名，その他職員1,211名，合計3,282名で特定機能病院の認定を受けていました。この大病院の心臓血圧研究所という部署で，2001年3月2日，心房中隔欠損症（心臓の左右の心房を隔てる壁に穴が開いている先天性の病気）の12歳の少女がその穴を塞ぐための心臓手術を受ける際，手術担当医師たちが人工心肺巣装置（術中，心臓の代わりに血液を体内に循環させるための装置）の操作を誤り，3日後の同年3月5日，少女が死亡してしまうという事故が起きています。

こうした病院の安全神話の崩壊の始まりにより，企業だけではなく一組織である「病院に対する社会的責任」も糾弾されるようになりました。

(3) 問われる病院の社会的責任

病院の社会的責任（Hospital Social Responsibility：HSR）とは，「コンプライアンスの体制が整ったうえで，病院本来の使命である診療あるは研究の実績

を高めていく。そして，地域医療との連携，公衆衛生や保険医療への協力，国際活動への参加など，各病院に可能な独自の社会貢献を行っていく。これらの活動をステップごとに充実させて整合性をもたせて総合的に取り組んでいくこと」11)と記述されています。

　従来，病院内外におけるステークホルダーとは，患者とその家族，取引先企業などの範囲を指していました（表4）。

表4　CSRとHSRのステークホルダー

企業の社会的責任（CSR）		病院の社会的責任（HSR）	
消費者，販売先，株主・投資家，公的機関		医療消費者，医療消費者の家族，取引先企業，出資先	
追加	従業員，地域住民，環境保護団体，消費者団体，地球環境など	追加	医療従事者，医療関連従事者，地域住民，地域医療機関，行政，大学，地球環境など

　しかし，先に示したCSRと同様に見直すべきであるという指摘があります。CSRの範囲が拡大され，CSRのステークホルダーが変化したことで，病院経営者がステークホルダーに果たす社会的責任の範囲にも変化が迫られるようになったといえます。それゆえに，企業がCSRを推進し活動していくことで企業存続を追求してきたように，病院も患者とその家族や地域に対し，社会的責任を果たしていくことで地域や社会に受け入れられ存続することが可能となるのではないでしょうか。病院が社会的責任を果たすためには，主体となる病院がHSRとは何かを理解し，HSR活動を推進していくことが主要素となります。ただし，ここで示す「主体となる病院」とは，病院経営者だけを指すのではなく，「社会的責任を果たす」病院理念を遂行するすべての医療関係者が含まれています。

　これまで，医療の質や診療の質向上を指向してきた病院は，地域医療のもとで公共性を主張してきました。すなわち，病院が重視していたステークホルダーとは，患者やその家族や取引先企業などでした。病院の本質（医療の質や診療の質）をより確実なものにするには，医療関係者である医療従事者（医

師・歯科医，看護師等）や医療関連従事者（理学・作業療法士，検査技師，薬剤師，医療事務等）が，医療や医療関連行為に対する社会的責任を行使することは当然のこととといえます。これに関して病院経営者は，医療関係者一人ひとりが意識をもつことを周知し，責任を果たすよう促すことが要求されています。この点は，表4の「追加」部分の範囲に該当します。

したがって，医療を受給する側（患者＝医療消費者）を主とするステークホルダーも従来どおり重要ですが，今後HSRの充実を図るには，これまであまり焦点が充てられなかった医療を提供する側，すなわち医療関係者のステークホルダーにも重点を置き，総合的に取り組んでいくことが重要です。なぜなら，チーム医療が推進される昨今，病院が医療消費者に果たすHSRを医療現場で行使する従事者のなかには，患者対応に直接携わる医療関連従事者も含まれるからです。例えば，直接治療に携わらない医療事務職であっても，受付業務や医事業務である診療報酬の請求事務，電子カルテ代行入力，診療録管理など幅広く医療サービスを提供します。すなわち，この職種は，間接的に医療サービスを提供するチーム医療の一構成員です。そのため病院経営者は，一医療関連従事者である医療事務職に対する医療消費者意識の向上や業務のスキル向上を促すことにより，HSRへ繋がると考えられます。

（注）
* 1 「社会的責任否定論」に関してミルトン・フリードマンは，企業の利潤追求が社会および人類の福祉の向上発展とも両立するのだという主張をした。百瀬恵夫，『企業の社会的責任』，pp. 16 - 17，白桃書房，1994年。柴川林也，『経営学演習』，pp. 14 - 15，同文舘，1985年。
* 2 梅田は，「企業の社会的責任」と「企業倫理」の使用頻度について，新聞3社の調査から分析している。「企業の社会的責任」は，1970年代より出始めたが，1989年以降は「企業倫理」が代わって使用されるようになった。しかし，2003年からは「企業倫理」に代わって「企業の社会的責任」が再度登場している。「企業倫理」が背後から「企業の社会的責任」を支える概念になった，と述べている。梅田徹，『企業倫理をどう問うか－グローバル化時代のCSR－』，pp. 32 - 36，日本放送出版協会，2006年。

第2章
介護サービスからみる医療サービス消費とは

> 本章では,「医療サービスは一つの契約である」という解釈について,同じ無形サービスの概念をもつ介護サービス消費の捉え方から探求します。そして,医療サービスが「契約」であるならば,これまで医療サービス提供者や受療者に求められていたこととは何か。その異なる点について探っていきます。

1 介護サービスと消費者の関係性

(1) 介護サービスを消費者視点で捉える

　介護サービスは,介護保険制度が施行されたことで,「措置」から「事業者と利用者との契約」に基づくものとして2000年(平成12年)に移行されました。それにより利用者自身における介護サービスの選択・決定が前提となり,契約に対する選択の責任を負わなければならなくなったのです(図1)。

図1　介護サービスの契約

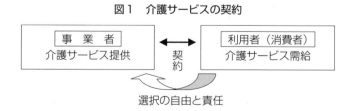

その一方で，介護サービスにかかわる消費トラブル，なかでも介護契約に関するトラブルが顕著となり，介護サービスに対する利用者の権利と義務が強く求められるようになりました。

　介護サービスに関する先行研究*3においても，介護サービス利用者を「消費者」視点で捉え，消費者の権利行使について指摘されていることから明らかです。しかし，介護サービスを消費する「消費者」には，多少異質性が感じられます。というのは，各種介護サービスの契約を対象とする被介護者は，必ずしも正常な状態でサービス内容の説明を受けることができるとは限らないからです。状態によっては，本人の意思能力では選択できない場合があります。そうなると消費者行動の重要な段階である意思決定プロセス，すなわち「サービスに関する情報収集，比較・検討，判断・決定，再検討」における意思決定が不十分にならざるを得ない状態になる可能性があります。そのため本来，選択能力があるはずの消費者は，場合によっては一方的に与えられてしまう介護サービス消費に陥ってしまうことが考えられます。こうした状況は，介護保険制度に限らず，消費者の意思決定が伴う保険外の介護サービスにおいても同様のことが考えられます。したがって，介護サービスを「消費者」視点で述べる場合，すべての介護サービスを包含して論じる必要があります。

　本節では，被介護者とその家族介護者における介護サービスの『消費者』視点に立つ意思決定の探求を論点として考えてみます。なぜこうした議論をわざわざ展開する必要があるのか。それは，被介護者とその家族介護者の両者が，介護サービスを購入する際に，消費者の立場から意思決定を行うことで，サービス提供者と消費者の対等な関係を形成させる可能性に繋がると考えられるからです。このような関係の構築は，介護サービス本来の目的である介護サービスを生活資源として利用することで，介護者自身のQOL向上を図ることになります。また，その介護サービスを有効活用化することで，家族介護者の介護負担を軽減するなど生活支援に繋がるのです。したがって，介護サービスの適切な利用には，被介護者とその家族介護者の両者がよりよい形で，サービスの選択により意思決定できることが重要です。

第2章 介護サービスからみる医療サービス消費とは

　介護サービスと消費者の関係性を探る前に、「サービス」とは何かについて考えてみます。サービスは、一般的に「市場において有償で取り引きされる価値を内包した無形財」1）と概念づけられています。つまり、市場による生産者と消費者間における、契約上の商品売買の成立を意味しています。介護サービスの場合だと、その商品というのは、形で提示される（有形の）商品ではなく無形の商品であり、日常動作の介護補助などを指します。これは、無形商品としての人的サービスです。このような介護サービスに求められることとは、提供者が利用者ニーズへ適合性のあるサービス内容を提示することです。一方、利用者の消費行動としては、サービス内容に関する情報や説明を求め、検討し、契約を交わしたうえでの代金の支払いです。サービス購入としての対価であるため、サービス内容や取引内容の虚偽があった場合などは、提供者に対して異議申し立ての行動をとることができます。これは、介護サービスに関する情報収集、選択、意思決定から消費までの過程における消費者行動（consumer behavior）としての「消費者の権利」の主張です。したがって、消費者行動の基本概念から考えると、利用者である被介護者は「消費者」という位置づけになり、契約である介護サービスにおいては、被介護者を含むすべての人は消費者と捉えることになります。

　では、なぜ改めて、被介護者を消費者と捉えようとするのでしょうか。ここでは、この逆説として「被介護者は消費者ではない」という観点から探ってみます。

　介護保険制度の導入前は、介護を必要とする高齢者に対して、措置方式と社会保険方式により対応していました。特に、措置方式は、社会福祉の一環としての介護サービス利用であり、国民の権利として認識されていました。ただ、行政から与えられる意識が強く、そこには自らが選択・決定・購入という消費者意識を働かせる要因はなかったと考えられます。そのため、当然のように介護は一方的に受けるもので、被介護者の自己責任下の意思決定に基づく消費者行動は、存在し得なかった訳です。

　介護保険制度が導入されたことで、契約に基づく介護サービスは、それ自体

が商品化されました。こうした動向から，提供者と利用者にとっての介護サービスは，「事業者と消費者」という関係性へと移行され，消費や消費者意識の転換が図られることになりました。このような背景が根底にあり，介護サービス利用者は，消費者として位置づけられるようになったと考えられます。

この位置づけの根拠となる先行研究を概観してみます。例えば，三好は介護保険制度が施行されたことで，導入前よりもサービス利用料の負担が大きくなった事例を取り上げています。その深刻さを指摘しており，「費用負担の増加への対応に毎日の生活費用の切り詰めという手段しかない高齢者には，あまりにも重い現実の『介護サービスを金で買う時代』の到来であろう。」2）と述べています。QOL向上の支えとなるはずの介護サービスが，場合によっては自己負担額が増加してしまい，十分な介護サービスが受けられない負の環境を作り出してしまう，と解することができます。「介護サービスを金で買う」という表現は，介護サービスに対価を払って消費契約をする行動であり，介護サービス提供者と消費者の売買契約に伴う消費者行動の発生を表すものと考えられます。つまり，「介護サービスを買う被介護者」を「消費者」と位置づけることができます。

大曾根は，高齢者や障害者は，産業社会における最後の消費者として，「商品を選択し，購入し，使用し，廃棄しなければならない。そして，福祉サービスさえも，経済的な取引関係によって，手に入れなければならない。なぜなら，福祉サービスも，一般の市場における商品と同じように，商品とみなされるようになるのだから。」，「福祉サービスを提供することを目的とする契約は，まぎれもなく，消費者契約である。」3）と述べています。大曾根の場合，サービスの利用者は「消費者」であることを前提に捉えているといえます。なぜなら，「福祉サービスさえも，経済的な取引関係によって，手に入れなければならない。」とは，市場における契約上での取引が生じた状態を示す解釈であり，消費者が介護サービスの購買行動や消費行動として関与する消費者行動を示唆しているからです。それゆえに，福祉サービスは消費者契約であるという説明をしているのです。

さらに，近年の文献においては，大林が「利用者は一般消費者であり『消費者の権利』を行使できる方々です。行政処分による措置ではなく介護サービスを受ける介護サービスの消費者となった」4)と述べています。木間は，介護事故に遭う被介護者について「消費者も事業者も損害賠償額に関心を払うより，介護事故の未然防止のために，ケアマネジメントの重要性に関心を払う必要がある。」5)と指摘しています。これらの二つの文献から解釈できることとは，介護者サービスが消費契約に伴うものであるからこそ，被介護者は「消費者」の立場となるというものです。消費者であるがゆえに，介護サービスの契約から実施までのすべての過程（消費者契約，ケアプランに対する依頼や検討，評価）において「消費者の権利」の行使が重要になるのです。以上のような動向から，介護サービスと消費者の関係について「介護サービスを買う被介護者は消費者である」は，妥当な解釈といえます。

次に，介護サービスを消費する消費者とは，誰を対象としているのか。単なるサービスを買う人と捉える以上に，どのような意味が内包されているのかについて探ってみます。

(2) 「介護サービス」消費における消費者とは

消費者は，無形財であるサービスに関する情報を収集し，自身にとってサービスを買う価値がどこにあるのかを求めます。価値が見出せると判断した時点で最終的な決定を行います。介護サービスにおける価値を見出すということは，そのサービス内容を活用することが個人にとってよりよい生活資源でなければならないはずで，有益な生活資源としてQOLに繋がることが望ましいのです。それゆえに，介護サービスを直接利用する被介護者は，消費生活の主権者として，介護サービス利用の権利を主張する行動が求められます。

しかし，家族介護者も，介護サービスを契約・購入する消費者という視点に立つべきです。家族介護者が消費者の意識をもつことは，主となる家族介護者として被介護者の要求を代行する家族資源管理*4に繋がるからです。例えば，被介護者が認知症など日常生活上の判断に困難が生じる場合は，家族介護者が

被介護者に代わる判断を迫られる状況がでてきます。この点から,「介護サービスを消費する消費者」とは,被介護者とその家族介護者のことであり,両者が消費者の視点に立ち,それぞれの立場で意思決定を行う。消費に対する責任を果たさなければならない訳です。

提供者と受給者を取り巻くサービスの動向に鑑みると,介護サービスを受ける利用者は,「消費者」として位置づけられます。市場原理に基づく介護サービスを受ける利用者だからこそ,被介護者が消費者の権利を主張し,適切な意思決定により介護サービスを生活資源とすることが重要となります。このような意思決定プロセスは,「介護サービス消費」と呼称できます。

(3) 介護サービスの意思決定にかかわる消費者(サイモンの意思決定理論の展開から)

消費行動において重要視される介護サービスの意思決定について考える場合,基本的な理論としてサイモン(Harbert A. Simon, 1916-2001, 経済学・心理学者)理論を援用した考察ができます。サイモンは,経営学者バーナード(Chester I. Barnard)のdecision-makingを受け継ぎ,意思決定のしくみを解き明かした意思決定論の先駆者です。サイモンが示した意思決定プロセスは,「問題認識/情報活動」(intelligence activity)・「設計活動」(design activity)・「選択活動」(choice activity)」という三つの局面の活動があります*5。一般的に意思決定とは,「何らかの問題に直面した人間が,その解決策を探究・評価し,最善の解決策を選択しようとするプロセス」6)です。その一連の行動が,上述した三つの局面から構成された活動となります。

次節では,意思決定プロセスを援用した介護サービス消費の構図を示してみます。

2 「介護サービス消費」の意思決定プロセス概念に近似的な「医療サービス消費」の捉え方

「介護サービス消費」の意思決定プロセスを考える際に前提となるのは,被介護者とその家族介護者の両者における消費者意識への解釈です。消費者それぞれの立場において,介護サービス購入時の意思決定が求められるとういことです。図2は,被介護者とその家族介護者における「介護サービス消費」の概念図であり,介護サービスの意思決定の機能を示しています。

図2 被介護者と家族介護者における「介護サービス消費」

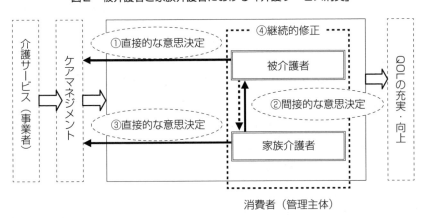

(1) 介護サービスに対する被介護者自身の直接的意思決定

サービスの直接的利用者である被介護者は,自らの判断が可能な限り,ケアマネジメントに対して直接的意思決定が要求されます(図2①)。例えば,ケアマネジャーが利用者の依頼を受けて,適切なサービスを組み合わせた計画(ケアプラン)が策定され実行されているか,などになります。

つまり,介護ニーズとサービス内容の適正性,サービス契約の内容と実際との整合性などです。被介護者自身が介護サービスの契約条件やサービスの質,

介護費用，解約などの情報を取得（情報活動）し，そのサービスが生活資源として適切であるかを検討します（設計活動）。そして，利用者主体による評価・判断をしていきます（選択活動）。

(2) 家族介護者を通じた被介護者の間接的意思決定

　判断能力の不十分な認知症の症状などをもつ利用者と介護サービス契約の成立には，家族介護者による間接的意思決定能力が求められます（図2②）。家族介護者は，被介護者の人格を尊重した形で代行という役割を担うことになります。ケアマネジメントについては，被介護者を中心とした家族介護者を交えた検討の場が必要となってきます。また，成年後見制度や任意後見任制度，地域福祉権利擁護事業などの機能を利用する場合にも，間接的意思決定が要求されます。

(3) 介護サービスに対する家族介護者の直接的意思決定

　被介護者を看る家族介護者自身のQOLを視野に入れた視点です（図2③）。被介護者が介護サービスを利用することは，家族介護者自身の他の家族構成員の生活環境・生活設計などに影響を及ぼします。介護サービスに対する意思決定能力は，被介護者主体であると同時に家族介護者主体でもあります。家族介護者は，消費生活にかかわる介護サービスを評価（安全性・快適性・効率性・経済性など）し，その他の介護者や同居家族者の生活に適合する介護サービスを導入する役割を担っていくことになります。

　さらに，介護サービス消費は，被介護者の介護にかかわる程度や家族構成員の年齢，同居形態などの変化に伴い，常に修正していくことが求められます。ここでの修正は，充足的に繰り返されることが不可決になってきます（図2④）。これは，サイモンが示す意思決定の第四の局面である過去の選択を再検討する「再検討活動（review activity）」に依拠しています。

(4) 医療サービス消費とは

　本章でもう一つ議論すべき点は，医療サービスは「契約」であるのか，についてです。

　医療事故の頻発が社会問題化したことで，病院が患者や地域住民の医療行為に対して，どのような役割を担うべきかという社会的責任が一層厳しく問われるようになりました。従来，安心だと思われていた医療行為の信頼性が崩れたために，医療消費者の不安を募らせたことは間違いありません。逆に，安心と考えられていたがゆえに関心が低かった受療者自身の治療方法や行為に対して，それを手掛ける主治医，母体である病院に関心を示すようになりました。医療サービスを受療するのは無償ではなく，必ず医療費が発生します。そのような認識をもち，納得したうえで医療費を支払うという契約に基づく消費行動なのです。こうした背景は，前述した「介護サービス"消費"」といわれるようになった所以と関連性があります。

　すなわち，医療サービスは，医療行為を受けることを契約し，その対価として現金を支払う過程を通るわけです。現金を支払う意識が，「医師に治療を委ねる患者」から「治療に参画する患者」へと移行させました。そのなかで，「消費者の権利」を基調とした「患者の権利」*6を主張するようになったのです。患者の医療サービスへの意識変化は，2000年頃から顕著になり，医療サービスを受ける患者を「医療消費者」と呼称するようになりました[7]。

　以上のことから，「介護サービスを消費者の観点で捉える」とは，「医療サービスを消費者の観点で捉える」という示唆であり，両者とも無形財を購入する消費者の立場という視点から捉えることができます。したがって，患者が消費行動に向かう意思決定として，「サービスに関する情報収集，比較・検討，判断，決定，再検討」というプロセスを踏むことにより，医療サービスを消費（医療サービス消費*7）する「医療消費者の意思決定」が可能になるのです。

（注）

*3　例えば，「〜利用者は一般消費者であり『消費者の権利』を行使できる方々です。行政処分による措置ではなく介護サービスを受ける介護サービスの消費者となったわけです。」大林美秋，「介護サービスに消費者の権利を－生活全般にも個別性の視点を－」『ふれあいケア』7(12)，pp.20－22，2001年。「介護サービスは，消費者としての市民の力の向上と，地域市民としての地域自治の力の向上の二本柱でないと決してよくならない。」岡本仁宏，「市民による『第三者評価』事業の可能性」『消費者情報』359，pp.20－22，2005年。

*4　家族資源（family resources）とは，「①家族成員の個人的資源，②家族システムの内部資源，③社会的資源，④対処行動，という四つの要素からなり，家族の総合的対処能力を規定する。」ものであり，家族資源管理は，家庭生活に危機が生じた場合，家族資源を導入し，よりよく家庭生活が機能するように管理することである。日本家政学会（編），『家政学用語辞典』，p.65，朝倉書店，1993年。

*5　経営管理の視点からサイモンは，意思決定は四つの主要な局面から成っているという。すなわち，「決定のための機会を見出すこと，可能な行為の代表案を見出すこと，行為の代替案のなかから選択を行なうこと，および過去の選択を再検討すること等」である。Herbert A. Simon, The New Science of Management Decision, Harper, 1960年。稲葉・倉井訳，『意思決定の科学』，pp.55－56，産業能率大学出版部，1979年。

*6　「患者の権利」は，国際消費者機構（CI：Consumers International）が提唱した消費者の8つの権利を応用した医療生協の「患者の権利章典」では，「知る権利」，「自己決定権」，「プライバシー関する権利」，「学習権」，「受療権」，「参加と協同」がある。「日本生活協同組合連合会医療部会ホームページ」，http://www.jhca.coop.html，2007年。また，「患者の責任」は，「批判的意識をもつ責任（Critical Awareness）：医療サービスの内容，質，費用をしっかり見つめ，批評眼をもつ責任」，「参加して行動する責任（Action and Involvement）：医療に参加し，適切な医療を受けられるよう自己主張する（行動する責任）」，「社会に配慮する責任（Social Responsibility）：医療の受益者としての自らの行動が他社に及ぼす影響を自覚する責任」，「環境に配慮する責任（Ecological Responsibility）：医療の受益者としての自らの行動が環境に及ぼす影響を理解する責任」，「団結＝連帯する責任（Solidarity）：弱者としての患者の立場の理解（擁護を求めて団結し，連帯する責任）」である。

*7　「医療サービス消費」の定義は，明確に示されたものはないが，この用語を用いた論文はある。例えば，府川は「同じ年齢層でも医療サービス消費は個々人によってさまざまであり，高齢者の医療サービス消費は年齢以外の要素に依存している。」という表現を用いている。つまり，医療サービスの消費行動を示していると解釈できる。府川哲夫，「老人医療における医療サービス消費と年齢」『日本公衆衛生誌』46(3)，pp.163－174，1999年。

第3章
福祉ガバナンスと医療ガバナンス

> 　私たち医療消費者は，あらゆる支援を受けながら生活の安定・安全を図り，また自然環境の恩恵を得ています。個人は，公共民の関係性を保つことで，共同や共生社会の中で自立した生活を送っているのです。共生社会は，各関係間の強制概念的なタテ志向ではなく，信頼関係が欠かせません。信頼関係を築くには，「もちつもたれつのヨコ志向の関係性」が必要です。
> 　本章では，医療消費者にとっても，医療従事者や医療関係者にとっても，よりよい医療サービス構築のための基底となる医療ガバナンスの重要性について追求します。
> 　したがって，まず第2章で触れた福祉の観点から福祉ガバナンスを説明します。それを応用して，医療ガバナンスについて考えていきます。

1　コーポレート・ガバナンスの定義

(1)　ガバナンスの概念

　ガバナンス（governance）については，多くの研究者により議論されており，すでに概念が示されています。その語源はギリシャ語の「kybernan」で，意味は「船の舵をとる」です。日本語では「統治」と訳されています。しかし，本来の意味は「（行動の指針や規範などによって）舵をとる」と解釈されているようです。

ガバナンスという言葉が最初に使われたのは，1987年に開催された第10回「地方の時代シンポジウム」の分科会のなかで，地方自治における新しい課題の一つとして，「セルフガバメントからセルフガバナンスへの展開」が指摘された[1]際といわれています。その後，1988年にはガイ・ピーターとコリン・キャンベルにより国際的な研究季刊誌『ガバナンス』を発刊し注目を集めました。そもそもガバナンスは，国家や政府の「一元的な統治」という意味で使われる「ガバメント」と対比させる概念として，多様なアクターにより「協働的な統治」という意味で捉えられている場合が一般的です。ただ，この定義については，いまだ確立されてはいません。
　本項ではまず，ガバナンスの概念を先行研究から洗い出してみましょう。

表5　ガバナンスの概念

(1)　ガバナンスの特徴として「①政府，民間企業，ボランタリー組織など，さまざまな組織の間に相互依存関係がある，②ネットワークのメンバーの間に資源交換や目的共有のために継続的な相互作用がある，③ネットワークの参加者により作られたルールと相互信頼に基づいての，一種のゲームのような相互作用がある，④ネットワークは政府からかなりの程度自律していて，政府は間接的に，また不完全なかたちでネットワークをステアリングできるに過ぎず，絶対的な地位に立つということはない」[2]。
(2)　ガバナンス概念として「①行政改革をはじめとした政府の諸改革の進行，②政府による統治活動の変容，③政府の限界の明確化，④ボランティア，NGO・NPOの台頭，⑤民間企業も公共政策の担い手であるという認識の定着，⑥ネットワーク論やネットワーク概念の定着」[3]。
(3)　これまでの政府と自治体，それに企業や住民の関係は，タテに代わってヨコ志向の強いものに変わる。あたらしい「ガバナンス」の環境では，中央政府と自治体の関係は，それまでの上下から水平の関係に移行をはじめる。両者は肩を並べ，その間に水平レベルの関係が生じる。同じように，中央政府や自治体と民間企業や住民との関係にも変化が起こる。ここでも，相互の関係はタテからヨコに並列した水平型が基本になる[4]。
(4)　公共空間に存在する緒問題の解決に向けて，政府（中央政府および地方政府を含むいわゆるgovernment），企業（民間営利部門の諸主体），NPO，NGO等（民間非営利部門の諸主体）のネットワーク（アクター間の相互依存関係）を構築し，それ

第3章　福祉ガバナンスと医療ガバナンス

を維持・管理する活動（＝公共空間の共同管理）5)。

(5) ピータース（B. Guy Peters）は，ガバナンス研究のパイオニアであるピエール（Jon Pierre）が述べた二重の意味をもつガバナンスとして経験的な側面と概念的あるいは理論的な側面があるとしたことについて，後者の意味をさらに二つのカテゴリーに分けた。一つは伝統的なガバナンスの概念，もう一つは<u>現代的あるいは新しいガバナンスの概念として，政府と社会がお互い受け入れることができる決定に到達するために行ういろいろなかたちの公式および非公式の相互作用</u>を意味する，とした。すなわち，これは社会中心的アプローチといえる。6)。

(6) 福祉国家では，供給・財源・規制のどの分野においても，政府に責任が偏っているために，政府財政の逼迫や当事者の主体性の阻害などの問題が生じている認識から，政府主体のサービス提供から，政府（statutory），営利（commercial），ボランタリー組織などからなるボランタリー（voluntary），家族や隣人などのインフォーマル（informal）という四つの部門が分担して担う多元的福祉を実現すべき〜7)。

(7) 国家・政府の一元的統治という意味での「ガバメント」と対比させる概念として，<u>多様なアクターの共同統治的な意味合いを中心とした新しい統治概念としての「ガバナンス」</u>8)。

(8) イギリスの福祉政策は，1980年代より，「ガバメント」型，すなわち必要なサービス供給に関する基本的方針の立案から実施に至るまでを政府が中心的に行うやり方から，<u>民間営利，非営利セクターを含んだ多様な主体が参加しつつ福祉サービスを供給</u>していこうという「ガバナンス」型に移行してきた9)。

(9) ガバナンス概念は，国家や政府の統治（ガバメントの作用だけでは公共機能を十分にカバーできなくなり，<u>共・公・民各セクターや世界・国際・国民・地域などの社会次元を超えた社会秩序作成のシステム</u>が必要とされるようになった結果，この新しいより広い公共機能を表現する言葉において用いられるようになった10)。

(10) スウェーデンの政治学者ビクター・ペストフは，<u>福祉サービスの生産・提供者を4つのセクターに分け</u>，その中心に国家，市場，コミュニティの領域まで覆った形で第3セクター，アソシエーションを位置づけ，<u>福祉トライアングル</u>，すなわち，<u>国家を公的セクター，市場を営利セクター，家族・コミュニティをインフォーマル・セクターに分類できる</u>11)。

(以上，下線筆者)

表5の概念から，ガバナンスは民間営利セクター，非営利セクター，行政，企業，地域，国民すべてのアクターと相互依存しながらヨコ志向の形態が強く発展した状態を指しています。

(2) コーポレート・ガバナンスとは

近年，日本ではコーポレート・ガバナンス（企業統治）の取り組みが関心を高めています。その理由は，前章で述べた企業の不祥事が相次ぎ発覚したことにあります。企業経営の目的は，効率性向上と健全性確保にあります。特に後者については，バブル崩壊とともに経営の健全性が不祥事続出によって崩れ，経営者が危機感を感じたこと，それにより企業コンプライアンス（法令遵守）の経営に注目が集まった点に起因します。

戦後，日本の大企業では財閥が支配し，株主による一元的ガバナンスが機能[12)][13)]してきました。バブル崩壊後に，こうした目先の利益のみを追求しがちな株主の専横である日本的なガバナンスの弱点が露呈されたのです。それが上述した企業不祥事の数々といえます。その結果，行政・地域・企業・住民のタテ志向の形態は後退し，従業員にも公正な競争の場の機会を与えました。また，さまざまな組織や団体が水平レベルの関係性を重視するヨコ志向の見方へと変化しました。したがって，コーポレート・ガバナンスは，健全な経営を追求するためにコンプライアンスや企業倫理を経営者だけではなく，すべての従業員にも認識させることが必要であり，今なお一層求められています。こうした変遷を辿り，「統治（ガバナンス）」は「協治（ガバナンス）」と示されるようになりました。

「倫理感を持ち，自己の存在意義を基盤とし，コンプライアンスに注意しながら，持てる経営資源を効率的に使って企業経営を行う」[14)]というコーポレート・ガバナンスの考え方は，医療機関（福祉・医療）のガバナンスを考えるうえでも参考になります。

2 福祉ガバナンス

本節では，ガバナンス概念を援用して，高齢者福祉の体系化について考えます。とりわけ，福祉サービスが提供される，被介護者を取り巻く主たる3つの場となる「家族」「施設」「地域」について説明します。

(1) ガバナンスの概念と高齢者福祉

ガバナンスは，国家や政府の中心的・タテ型志向から自治体・NPO・地域・家族のセクターによる共治と，各セクター間のネットワークの構築，すなわち水平型・ヨコ型志向へと移行していることについて先述しました。

福祉の観点からは，政府などの「フォーマル領域」，利益追求の企業などの「民間営利領域」，福祉NPOなどの「民間非営利領域」，家族や近隣者などの「インフォーマル領域」という4つの相互関係で捉えることができます。これらの4領域がどのようなガバナンスを構築していくのでしょうか。

(2) 自立・共同・共生と公・共・民の関係性

生活福祉の成立は，住民を主体とし，かつ「公・共・民」の総合的サポートをシステム化することにより実現するものです。つまり，地域福祉の充実に関連しており，ガバナンスという地域政策手段の構築が前提となります。

高齢者福祉における公・共・民とは，「被介護者（自立）」，「家族介護者（共同）」，「異質な他者や自然環境（共生）」の関係性を指し，ネットワーク化を促すコーディネーターにより構築され実現可能性へと繋がっていきます。図3は，福祉ガバナンス構築のための，自立・共同・共生と公共民の関係性を表わします。主として行政や民間企業による各種制度や福祉サービス，その従事者である民生委員などがコーディネートする地域福祉（公）＊8の実現，主として福祉NPOや社会福祉協議会（以下，社協），ボランティア，介護支援センターなどに属する福祉専門職やボランティアスタッフなどがコーディネートする施設

福祉（共）*9の実現，主として家族や親族，近隣者などがコーディネートする在宅福祉（民）*10の実現です。

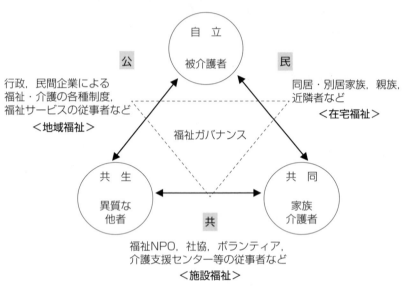

図3　福祉ガバナンス構築のための
自立・共同・共生を繋ぐコーディネーター（公共民）との位置関係図

このような関係性により，各支援の主体はそれぞれの立場から多様に展開していきます。そのため，高齢者を一個人として捉え，家庭のなか・施設のなか・地域のなかのそれぞれに関与しているという，総合的な支援として全体を認識していく必要があります。

また，福祉ガバナンスには高齢者支援政策だけではなく，高齢者の労働力もコミュニティ形成基盤に包含させ，次世代育成のために，国民の根本的な「共通の利益」[15]とする福祉コミュニティへの意識化が欠かせません。高齢者を対象とした学習・教育を提供する反面で，文化の伝承や生活技術などを高齢者から学ぶ機会を整備し，促進・展開することが求められています。地域のなかの幅広い年齢層間で育む「教え，教えられる共育」[16]の展開が，地域福祉の具体的なあり方です。これが実現することで，共生社会という展望がみえてき

ます。

　さらに，被介護者や家族介護者が住民として主張できる能力育成が求められます。例えば，行政と地域間での消費者教育から学ぶことができます。まさに地域の福祉力に繋がる重要な要素となり，地域・社会に暮らす一人の構成員として資金管理，消費行動，資源管理を調整し，生活環境を含む内的・外的資源のなかでどう意思決定していくのか。これは，住民一人ひとりが権利を主張し，行使できる人間的な能力を育成する消費者教育の目的といえます。

　今後は，すべての住民に平等の権利と機会を保障するような施策の提供と並行して，個別的配慮の行き届いたニーズ対応とその処遇が必要です。これは住民自らの意思で市場に参加する福祉領域からみた消費（者）の視点，すなわち「消費（者）福祉」と言い換えることができます。

(3)　福祉ガバナンスとは－3つの場（在宅・施設・地域）－

　牧里[17)]は，地域福祉を構造と機能の観点から捉えています。相互扶助，ニーズ充足，生活問題解決などの機能は，法律や行政財，組織や賃金・人材などを配置している制度的・構造的枠組みがなければ実現できない。双方に相互補完的関係が存在する状態と述べています。換言すれば，個人（被介護者），家族（介護者），地域だけでは，その生活福祉のプロセスにおいては限界があり，また行政だけでもない。ここで提示されようとしているのは，「福祉ガバナンス」と「コーディネーター」らの積極的な関与です。

　これらを実現する取り組みとして期待されている過程には，地域ニーズの把握と，その支援活動を行う市区町村社協などの存在とその充実が提案できます。市区町村社協は，本来，地域福祉の推進，ネットワークづくり，ボランティア活動の支援，啓発活動・福祉教育など，各地域の現状による支援体制の確立を目的としています。そのため，家庭・施設・地域の3つの場でのアソシエーション・ネットワーク形成および生活福祉のニーズへの対応力を確保するための主体調整をすべき重要な役割を担っているといえます。

　したがって，福祉ガバナンスの構築について考える場合，家族，近隣住民，

ボランティア，各福祉関連機関，行政等がサービス供給にかかわる「ステークホルダー型のガバナンス構造」[18]は不可欠です。この体制がなければ，高齢者の自助能力を養ったところで生活の質の本質を問うようなサポートはできません。これに関して澤井[19]は，地域政策における4種類の総合性の「サービス供給者の相互援助と支援のネットワーク化」として「市町村・当事者・市民という公的セクター，市場セクター，共助セクター，それに自助（家族と当事者自身）との協働の関係」の構築を指摘しています。

ここでは，それに加え共生領域を基底にし，在宅福祉・施設福祉・地域福祉

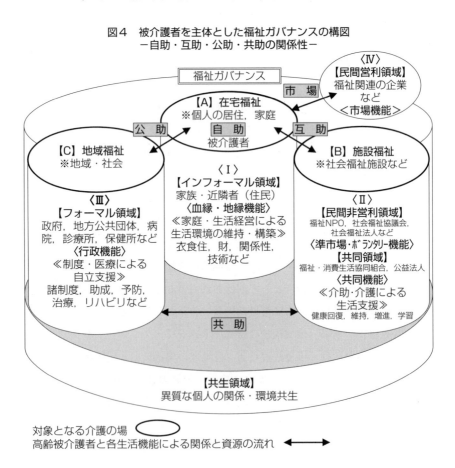

図4　被介護者を主体とした福祉ガバナンスの構図
－自助・互助・公助・共助の関係性－

の関係性を位置づけて，被介護者を主体として福祉ガバナンスの構図を示します（図4）。

被介護者（自助）を中核に，〈Ⅰ〉血縁・地縁機能のインフォーマル領域，〈Ⅱ〉準市場・ボランタリー機能の民間非営利領域，共同機能の共同領域，〈Ⅲ〉行政機能のフォーマル領域，〈Ⅳ〉市場機能の民間営利領域と，それぞれの関与者との相互扶助（互助，公助，共助）の構図です。【A】在宅福祉は，①被介護者の自立能力，②在宅福祉の中心的存在である家族介護者能力，【B】施設福祉は，③医療・治療に従事している各専門者による専門的能力と組織形成能力，【C】地域福祉は，④地域生活を支援する市民能力と政策能力です。

それぞれが専門性をもっているため，相互の介護や医療福祉の領域を統合した支援が求められるのです。すなわち，地域事情に通じた各専門者のコーディネートにより，被介護者を多面的な視点から精神的・経済的・文化的・身体的に支援することが必要となります。

このように被介護者主体を見据えた生活福祉の体系化というのは，福祉ガバナンスの主人公を中核とし，それらに関与する多様なサポート機能が，責任能力をもちながら存在し，かつ協働していくことといえます。

次に，在宅・施設・地域の3つの場について具体的に展開してみます。

1）在宅福祉（「家庭」のなかの福祉実現のために）

在宅福祉と施設福祉はそれぞれ別の介護機能をもっています。家族を主介護者とした在宅福祉は，主に被介護者の精神的ケアとして施設介護とは異なる分担的支援を担います。ベンクト・ニィリエが唱えるノーマライゼーション原理[20]の観点においても，被介護者を理想とする生活条件に近い環境やニーズに最も対応できる介護の場は，在宅福祉を中心とした介護であるといえます。

共助，公助もさることながら，介護者の自立力・共同力・共生力は在宅福祉実現の大きな要となります。在宅福祉を望む高齢者率が比較的高い現状においては，以下の3点が要求されます。

① 介護関係者が在宅福祉の意義や役割を十分に認識し，被介護者ニーズの充足を図る（自立力）

② 家族介護者が抱える家事労働や介護負担を，家族構成員間で分担し，域住民間との協働による介護能力（共同力）
③ 介護保険制度など介護サービスを間接的に利用するうえで，家族は，社会福祉制度などの知識を備える。施設関係者とのコミュニケーション力，介助・介護技術力（共生力）

　また，高齢者を看る介護者がいない独居高齢者や高齢夫婦生活での老老介護の場合は一層，在宅，地域と施設との連携支援が不可欠となります。これらを整備することは，在宅福祉の実現可能性へと繋がっていくと考えられます。

　地域福祉は，さまざまなケースに対応した家族支援事業を促進しています。家族介護者のストレス・不安などを払拭できる体制づくりや，利用者がそれらの計画に関する情報収集，参加・参画しやすい整備が求められています。住民自身が地域の福祉づくりに関心をもち，自己や家族，地域の福祉ニーズを自治体や企業，その他福祉関連団体の活動に反映させることは，地域住民の消費者としての使命ともいえます。このように家庭内における自立・共同・共生とガバナンスのあり方の具体性は今後一層問われるでしょう。

　しかし，在宅福祉には，医療設備の充実，適切な医療や介護，医学的リハビリテーション，人格的な保障など充分配慮できない点があり，ソフト面として，専門的な地域医療といった支援組織との連携の不十分さがあります。

2）施設福祉（「施設」のなかの福祉実現のために）

　施設のなかの介護や在宅サービスの役割は，主に身体における治療・医療の面での専門的ケアです。

　しかし，福祉施設には入所にかかわる費用の高額負担や施設内の人間関係，サービス契約等にかかわるトラブル，介護技術・一人当たりの介護所要時間の限界，施設内外の構造・立地などに関する生活の居住・環境問題，利用者のプライバシーの保護，虐待など深刻な問題が多々存在しています。また，現状の施設福祉においては，被介護者ニーズに即したサービスが受けにくく，個々人の自立支援体制が整っているとは限らない現状もあります。

　例えば，高福祉・高負担国家のスウェーデンでは，在宅介護を希望する高齢

者の自立支援のために一人暮らしの高齢者でも安心して暮らせるよう，日中と深夜に分けてナースとヘルパーが一組となり巡回するケースがあります。この徹底した介護体制は，高齢者自身のQOLの向上に反映し，「国際比較調査」[21]の結果が示唆しています。また，入所しているほとんどが痴呆症老人というバルツァルゴーデン（スウェーデン）のグループホームでは，介護・医療従事者や施設関係者による被介護者一人ひとりに対する充分な対応かつ温かい介護がなされ，家庭的な生活空間や人間関係を維持することで，痴呆の進行を遅らせる効果があります[22]。オランダ・アムステルダムの介護施設ホグウェイでは，高大な敷地は塀で囲まれ一つの街を施設として運営しています。施設（街）には，スーパー，レストラン，映画館や絵画やパン焼きなど25種類のクラブを設置するなど，施設外の生活と変わらない環境を整備しています。店員は介護スタッフであるため，認知症患者が部屋（自宅）に戻れない場合は，さり気なく誘導するなど，利用者に施設生活を強いられていると思わせない配慮が徹底されています。これは，在宅福祉の利点を包含した福祉施設のあり方について再認識できる一例といえます。

　施設福祉の従事者は，以下の３点の能力を担うことが求められます。
① 従事者自身の役割認識と技能などのキャリア能力の向上（自立力）
② 従事者間でのサポート体制の充実や人間関係能力（共同力）
③ 福祉等関連機関とのネットワークシステム構築におけるサービス等の向上（共生力）

　したがって，福祉ガバナンスには，施設内福祉としての役割を発揮し，他機関との協働関係機能の円滑化が不可欠な要素となります。

3）地域福祉（「地域」のなかの福祉実現のために）

　従来，地域社会は，子どもの教育や世話，老人の見守りや助けなど，主として近隣者間の地縁機能で補う風習がありました。山間部や離島の地域では，こうした地域内の相互扶助関係が今でも濃く残されています。この点においては，都市部と山間部や島嶼では多分な相違があります。例えば，長寿県の長野県が実施するPPK（ピン，ピン，コロリ）運動（下伊那郡高森町が発祥）は，元

気な高齢者を増やす目的で，県民運動の一環としての活動があります。この活動は，福祉サービス等の提供と，高齢者が地域社会の一員として豊かな知識や経験，技術を発揮し，健康で生きがいのある人生を送ることができるよう，多様な社会参加，社会貢献活動の促進を基本方針としています。

社会参画の視点からは，生涯学習との連携，世代間交流，老人クラブの育成，シルバー人材センターの活用による就労などの活動もあります。在宅福祉の充実という視点では，ケアマネジメント体制の確立，要介護者施設の充実，独居高齢者に対する支援を地域全体で促進していることが，長寿の要因と考えられます。これは，高齢者の人格権の尊重と社会的なアイデンティティを適合させた地域福祉に欠かせない地域活動です。

地域内の福祉実現のためには，以下の3点が重要です。
① 在宅福祉サービスとして，予防，専門的ケア，在宅ケア，福祉増進を含む対人福祉サービスの向上（自立力）
② 組織活動として，地域組織化およびサービスの組織化，管理の統合的運用によるコミュニティワークの方法と技術等の能力（共同力）
③ 環境改善サービスとして物的，制度的施策を含む生活・居住条件の改善整備の向上（共生力）[23]

(4) 在宅・施設・地域－3つの場の相互関係－

被介護者と家族介護者の家庭外共生は，在宅施設か施設福祉かという限定した選択ではなく，在宅福祉と施設福祉の機能が相互作用することが重要であり，その調整が不可欠です。とりわけ，その中間的な機能をもつユニットケアや宅老所も選択肢に含まれます。入居者個々人の生活と環境創造，個のニーズに応えるという視点に基づいたこれらの施設は，被介護者とその家族のニーズに合致した要素が多分に含まれています。

介護の場をより充実発展させるためには，医療重視か介護・療養重視かの極端なケアを避け，被介護者主体のケアマネジメントを実践することが重要です。このケアマネジメントを担うコーディネーターの養成が，3つの場における福

祉ガバナンスの成立と同様に急務な課題となっています。

3 医療ガバナンスとは－医療消費者・医療関係者・医療機関との関連－

　福祉ガバナンスの理論を応用して，医療ガバナンスについて考えてみます。
　前章で述べたHSR（Hospital Social Responsibility：病院の社会的責任）に関する基本的なキーワードは，①持続可能性（持続的な発展），②ステークホルダーとの対話，③経済・環境・社会のトリプルボトムラインにおける適正な医療活動の3つ，といわれています[24]。このHSRを推進するためには，医療機関として，問題や課題を遂行するための理念とシステムが必要です。
　社会的責任を持続的に展開することを担保とするコーポレート・ガバナンスが注目されるようになりましたが，このようなガバナンスは，医療界においても関心が高いといえます。
　クリニカル・ガバナンス（医療の統治）[*11]においては，法的所有者である株主という絶対的ステークホルダーは存在しません。なぜなら，営利である企業とは異なり病院は非営利です。そのため，病院理事長も一従業員と同じであり出資者の立場である傾向が強く，「所有（出資）と経営の分離」が発生しない病院があるからです。この場合，患者と家族，医療関係従事者，取引関係者，行政などのステークホルダーは，病院にとって重要な位置づけとなります。したがって，事業の継続性を考慮したうえで，相互扶助の体制を保持していかなければなりません。
　クリニカル・ガバナンスの捉え方は，①医療機関の不祥事の防止（適用性の監視），コンプライアンス，医療事故，環境保全，社会的責任の遂行などに関するもの，②医療機関の経営の効率化・競争力強化を図り，持続的発展に努めているかどうかの監視（効率性の監視）です[25]。これを実行するために欠かせないのが，医療ガバナンスとそれを可能にする「医療の好循環するサイクル」（図5）です。

図5 医療ガバナンスと医療の好循環サイクルの構図

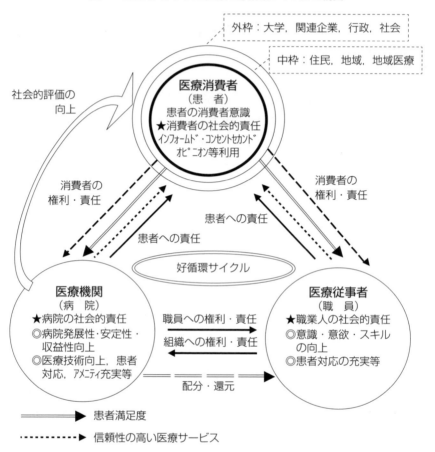

　医療消費者（患者やその家族など），医療機関，医療関係者は，それぞれに役割があります。他の関係者との間に生じる役割にかかわる社会的責任（消費者の社会的責任，職業人の社会的責任，病院の社会的責任）を行使することが，好循環サイクルの機能に繋がると考えられます。

第3章　福祉ガバナンスと医療ガバナンス

(注)
*8　地域住民が地域内の福祉について主体的な関心をもち，自らの背局的な参加により，援助を必要とする人々に対して福祉サービスを提供する地域共同体のことをいう。福祉コミュニティの形成を目的とした社会福祉援助活動が地域援助活動である．中央法規出版編集部，『介護福祉用語辞典』，p.321, 中央法規出版，2000年。

*9　施設福祉とは，高齢者障害者などの社会福祉ニーズを有する人々が社会福祉施設という生活の場において，福祉サービスを提供されることによって，その生活を維持し，福祉の向上を図ることをいう。加茂陽編，『福祉重要用語300の基礎知識』，p.306, 明治図書出版，2000年。

*10　在宅福祉とは，高齢者や障害者などの社会福祉ニーズを有する人々が住み慣れた地域社会において自立した生活を送るように，各種の福祉サービスをその個人の居宅で提供することによって，生活を維持し，福祉の向上を図ることをいう。加茂陽編，『福祉重要用語300の基礎知識』，p.307, 明治図書出版，2000年。

*11　ブリストル王立小児病院事件が勃発した。これは由緒ある小児病院で心臓外科手術を受けた38人の子どものうち，20人が死亡しているのが発覚した医療事故である。これを契機にイギリスでは病院のガバナンス改革に火がつき，1998年に当時の首相であるトニー・ブレアが国民保健サービス（NHS：National Health Service）の改革に乗り出した。ブレア首相は，1992年に発表されたキャンドベリー・レポート（取締役会の統制と報告機能および会計監査人の役割に重点を置いた報告書）をもとに「クリニカル・ガバナンス」という新しい概念を提起した。内田亨（編者），『医療ガバナンス－医療機関のガバナンス構築を目指して』，p.3, 日本医療企画，2010年。土屋守章・岡本久吉，『コーポレート・ガバナンス論－基礎理論と実際』，有斐閣，2003年。

第4章

医療消費者の系譜

> 第1章から第3章では主に，医療消費者という言葉の背景を多面的に探ってきました。
> 　消費者視点から医療を捉えることは，無関係という訳ではなく，消費生活上の一保障として必要となる医療をいかに適切に利用するか。安全確保のための医療に関する消費行動に焦点を当てることは，権利と責任が問われる現代において，当然の理といえます。
> 　本章では，本書の核心に迫る「医療消費者」の原拠をたどっていきます。

1　コンシューマリズムの再興

　患者がよい病院や専門医などを探す手段は，年々多様化しています。全国の病名・診療科別の病院ランキングをまとめた『手術数でわかる　いい病院 2015』（週刊朝日ムック），『病院ランキングではわからない実地調査版　本当に良い病院　悪い病院』（田中幾太郎著）など，実にさまざまな雑誌等が発行されています。インターネット社会の到来以降，手軽に情報を入手することも可能となりました。このように医療機関や自分の命を託す医師や病院を探す手段が豊富になっていることは，患者にとって自分の病気を自分のこととして意識できるという点で「脱パターナリズム」を加速させているといえます。
　しかし一方で，患者の身勝手な行動も頻繁に見受けられ，目に余る執拗なク

レームなどもあります。例えば，医療費の踏み倒し（未払い）問題は非常に悪質なケースが増加しています。また，救急車をタクシー代わりに使う，納得いかなければ喚き暴れる患者も増えている事態が頻発しています。

1940年の救急出動件数は約4,832,900件でした。それに対し，2013年は5,912,623件に上っています（総務省消防庁）[1]。2015年の救急車による事故種別出動件数及び搬送人員の構成比上位3は，急病63.1％，一般負傷14.4％，交通事故9.1％です。救急車で搬送された人の約4割弱が入院を必要としない軽症患者であった，というデータも発表されています。こうした軽症患者による救急出動が増えることで発生するのは，本当に救急患者から要請があった場合に救急車が出払い病院への搬送が間に合わないなどの事態を招く恐れがあることです。急患病院に深夜来院する軽症患者や飲酒による暴力行為など，わがままな振る舞いも問題視されています。さらに，こうした患者が重症患者を優先して診療すると，待ち時間が長いとクレームをつける。携帯の充電器がないと家族に連絡できないと叱責する。医学的に必要のない点滴や注射を要求するなど乱暴な行為などもみられ，医療機関の大きな課題となっています。

(1) 医療消費者の原拠をたどる

病院トラブルの問題は，医療サービスを利用する消費者意識の高まりとも関係しています。とはいえ，患者自身が医療を受ける際に消費者の権利をどの程度意識しているかは，一般消費と比較した場合，さほど高いとはいえません。しかし，上述した患者の医療機関に対する迷惑行為などが増加している現代においては，医療サービスを消費者視点で捉える必要性があります。

そこで本章では，現在，医療界で用いられるようになっている「医療消費者」という文言の原拠はどこにあるのかについて探ってみます。

患者と消費者との関係性は，医療における市場原理の発展により，患者が医療サービスを契約する「患者＝顧客（消費者）」の論点を示すものと捉えられるようになってきました*[12]。医療消費者と表現される背景には，わが国が抱える多くの医療問題が関連していると考えられます。これは医療費負担の増加，

医師不足や専門医の偏り，急患受入れの限界，医療制度改革など医療情勢の変革を指します。このような状況下で，患者が医療機関へ期待することは，医療の安全性や医療情報の開示，納得いく治療内容の説明と選択，医療サービスの質向上などです。これは病院側の体制変換として，「患者中心医療」の命題をどのように展開していくかが問われる社会問題といえます。こうした現状のなかで誕生した医療消費者は，患者中心医療の実現を根差す医療機関に対して，強い「消費者志向」意識をもつ必要性を喚起した象徴と考えられます。とはいえ，この概念は患者と消費者との関係性が整理される十分な機会を得る前に，各論者によって多面的に解釈されており，コンセンサスのある定義が明示されているとは限りません。それゆえに，医療消費者の概念研究は，さらなる論究が必要になっています。また，医療消費者の概念を明確にすることにより，今のこの医療情勢のなかで生きていく医療機関や患者自身にとって，本当に求められるものがみえてくるでしょう。

以降では，医療消費者の語彙を切り口に，医療と消費者の接点となる医療にかかわる消費者運動および患者運動の発端と動向を辿っていきます。これらの運動の過程から発展したコンシューマリズム（消費者主義）*13が医療消費者の表現とどのように関連しているのか。その所以を考察することで，「医療消費者」の意味するところの全容を追究します。

(2) 日米の医療に関連した運動
1) 米国の消費者運動と患者の権利

米国では，1906年うがい薬の価格や効能に疑問を抱いた主婦たちのボイコット運動（これをきっかけに同年AFD食品・医療品法が制定）や食品値上げへの不満に対するスーパー・ボイコット運動[2]など多くの運動が起こりました。そのなかで，消費者運動に強い影響を与え，コンシューマリズムの直接的な引き金となった事象に，1960年代の告発型消費者運動があります[3]。この運動の先導者ラルフ・ネーダー（Ralph Nader）は，生産者に対して消費者の権利意識を高めていく運動や社会全体に消費者の権利を当然のものとして認識させ

た運動を展開しました＊14。主として，自動車の安全性や保険料率の規制，大気汚染，農薬など多くの問題に取り組み，効果的な市民活動を実施するために広範囲な消費者ネットワークを構築しました。その消費者ネットワークの一つとして，官僚機関の非効率さを認識していた研究者らは，「老人，障害者，病人－これらの人々は不十分な医療看護，老人ホームの管理の悪さおよび医師の貧欲の犠牲者である－の問題について検討することに興味を持って」4）いました。また，ネーダー自身も薬の副作用や市販薬，手術のコスト，病院内での感電死など医療に関する消費者問題を取り上げました。特に，ゼネラル・モーターズ社との裁判＊15は，「生きる」ものの立場による権利意識を高めたといわれています。こうした継続的な運動が，医療従事者への医療技術やサービス，医療情報，医療環境に対するコンシューマリズムについて消費者へ強いインパクトを与える結果となり，その後の人権運動の契機となったといえます。

消費者意識に関する動向には，「依頼者の反逆（the revolt of the client）」という見解もあります。これは，ホーグとサスマン（Haug & Sussman）が，市民権運動や女性運動，消費者運動のなかで表明した社会的弱者の反逆を表現したものであり，「消費者志向」意識の始まり5）を意味しています。医療における「消費者志向」の背景についてリーダー（Reeder）は，①医学の力点による治療から予防への移行に伴う，医療サービスの売り手市場から買い手市場への移行，②医療組織・医療サービス提供方式の官僚制化に伴う特有の心性の発達，③60年代の消費者運動の興隆，と論じています。こうした伝統的な医師と患者関係を，独自自営の専門職である開業医に対する「依頼人としての患者（practitioner－client）」関係であったとすれば，新たなパターンは医療サービスの「提供者に対する消費者（provider－consumer）」と表現できる6）と述べています。1960年代にはこの「賢明な消費者」という捉え方が，企業に抱く消費者意識に留まらず，医療サービスを受ける患者や患者になりうるすべての生活者へ浸透し始める，という重要な年を迎えることになったのです。

医療の消費者主体の指向が軌道に乗った1970年代は，人権運動の高まりにより「患者の権利運動」が開花したといわれています。この権利運動は，「自分

の身体や医療のことは，自分で納得できる選択をしたい」という患者の強い意思による運動が端緒となっています。「『患者』には医師や医療機関の庇護のもとにある受動的なニュアンスが伴います。『消費者』は対価を払って商品やサービスを購入する人のことで，買うか買わないかの決定権は消費者の側にあります。『患者』と比べて主体的なニュアンスを伴うため，ラルフ・ネーダー氏らによって『賢明な消費者』や『消費者の権利』という考え方が提案され」7），医療も自ら選択するという考え方が受け入れられるようになりました。これは，医療サービスの提供（provider）と消費者（consumer）の関係を前提とした，医療に関する消費者意識の重要性を指摘するものです。

　これを確固たる位置づけとしたのが，1973年アメリカ病院協会により発表された「患者の権利章典」です。また，インフォームド・コンセントの原理（①患者に情報を開示する，②患者の十分な理解，③患者の自発的な意思決定による同意）8）が明示され，患者に情報提供する必要性が芽生えたのもこの年になります。これにより，一層患者の自己決定権とそれへの責任が強調されました。

　こうした権利運動の反響は，すべての住民に対する情報提供機会の普及へと繋がっていきます。例えば，1970年以降に設立されたThe Medical Library Association（医学図書館）やCenter for Medical Consumers（医療消費者センター）では，医学の素人に対応した専門書を揃え，医学情報収集できる施設を設立しました。医療消費者へのコンシューマリズムを意識したといえる環境整備の進展です。後には，消費者教育など教育的側面の情報提供へと発展していきます。

2）患者の人権意識を契機としたわが国の運動

　わが国の患者運動前史に大きくかかわった病気の一つにコレラ病があります。なかでも1884年三菱高島炭坑は，この病に罹った労働者へ非情な処遇*16を行い，国民へ強い反感を与えました。これが患者運動の発端となったといえます。また，ハンセン氏病の隔離政策が強引に行われたことなどにより，ハンセン氏病患者運動の最初の自治組織として九州療養所から発進されたのが1926年です。

1936年には岡山県長島愛生園で，粗悪な療養生活に耐えられず逃亡しようとした患者を園側が監禁したことで，人権蹂躙への抗議や責任者への辞任勧告，作業賃金の倍額引上げなどハンセン氏病患者運動として初のストライキを起こしました。こうした行動の拡大が，患者に「自身のいのちを守るためには闘わねばならない」9）ことに気づかせ，自分の生活設計や価値観に適した医療をみつけたいと渇望するようになったのです。これは，患者被害者のみならず市民をも巻き込んだ意識変化であり，戦後まで続いた患者運動が国民の深い人権意識の思想を抱く要因に繋がったといえます。

　そうした運動の展開を教訓とした組織的活動が患者運動です。1948年には日本患者同盟が患者運動の草分けとして，「患者の人権を守る運動」を発足させ，急速に各種の患者団体が誕生しました。その後，朝日訴訟運動の原告であり自らも結核に侵されながらも生命を掛けた朝日茂は，1957年から1967年の最高裁で敗訴するまで（ただし，朝日は最高裁を待たずに1964年2月14日逝去）戦いました。歴史に残るこの朝日訴訟運動は，国民の権利意識とりわけ「人権意識」を確実に定着させるものでした。

　1962年にはサリドマイド事件やスモン事件などの医療品に関する事件など，極めて深刻な人体被害が発生しています。健康を目的とした治療過程において，患者が医療サービスを受けることは，一般消費の受給と同様の権利が発生すべきものです。この観点は，「サービス分野について，医療のように生活必需サービスからレジャーまで多岐にわたり，業態も様々」*17と，1973年に八田が述べています。医療サービス分野の消費者要請について早くから指摘されていることが分かります。

　1920年頃から活動してきた長く厳しい患者運動によって，「患者の回復をめざすこと」，「健康破壊の進行を止めること」，「健康の土壌をつくりあげること」の3要素の目標10）が提示されました。換言すれば，患者運動発生の源流である個人主体の権利の思想が根底にあるコンシューマリズムは，政府や医療機関がすべての国民に果たすべき使命として「社会的責任」を知らしめたといえます。そして，1960年代から70年代で台頭となったコンシューマリズムは，

「基本的生活維持運動」[11]と別称されました。つまり，それ以前（戦後）の，消費構造の合理化における消費生活を充実させる「消費者としての権利」を主張する次元とは状況を異にしたものです。人間がヒトらしく生活するための健康を手に入れることこそ，基本的生活維持の大前提として理解されたのです。

これまで述べた医療にかかわる運動の変遷における共通ワードは，「自らの生命と暮らしを守る思想」をもつ人権意識です。消費者組合運動の発展動向では，米国のような消費者志向が1990年以降に顕著となり，1991年「患者の権利憲章」（日本生協連医療部会総会で確定）の発表以降ようやく視界が開けていきます。患者の権利擁護に関しては，患者満足度の向上，医療事故や医療過誤の防止，医療情報開示の要求などから，医療はサービス業であるという見方へと発展しました。医療経済の誕生も加え，患者や消費者の意識に医療サービスの消費者主義が定着していったと考えられます。

ただ否めないのは，患者運動または消費者運動では，それぞれ端緒となった時期や発展が異なるため，わが国よりも米国の方が消費者視点の強さは歴然です。それゆえに米国では，1973年の早い段階で「medical consumer」が用いられていました。こうした患者がもつ医療への関心や権利意識の高まりが，米国の消費者運動と，わが国の患者運動からコンシューマリズムへと発展したといえます。

表6では，医療に関連した運動の歴史についてたどってみます。なお，アメリカのクリントン政権によって医療消費者の権利に対し，再びスポットが当たった1994年頃までを追跡します。

表6　医療サービスのコンシューマにかかわる患者運動と消費者運動の変遷

西暦	日本の患者運動	海外の医療消費者運動など
1844		12月　イギリスのロッチデールにおいて初めて設立された生協の店「ロッチデール公正開拓者組合」(Equitable Society of Rochdale Pioneers)。
1850		最初の消費組合(Lagunda Hagunda District Commodity Buying Company)設立したが，数年で解散。
1899		KF(Kooperative Forbundet)結成により，今日の生協運動確立の基盤が定着。
1900 (M39)	大正・昭和と時代とともに高まった人権意識の目覚め 19年　島購買組合 20年8月　共益社購買組合の創立（大阪市西区，神戸消費組合，江東消費組合などの消費組合運動に大きな影響を与え，賀川豊彦などを通じて東京医療利用組合（現・東京医療生協）設立へと系譜をたどる。（都市の消費者運動の医療利用組合） 「一人は万人の為に，万人は一人の為に」の生協スローガンにより一つの意識をもちはじめた。 23年　主婦連合会 24年　関西主婦連合会 26年　全国地域婦人団体連絡協議会 など，消費者運動のリーダー的な団体が設立された。 30年　全国友の会 36年　日本消費者協会が設立（33年日本生産性本部内の「消費者教育委員会」が母体） 20年～30年代の消費者運動は，受身の消費者づくりであり，消費者としての権利を主張し，行動するというものではなかった。 36年　岡山県長島愛生園がハンセン氏病患者運動としては初のストライキがおこった。自治会結成 40年代　欠陥車問題，外国系百科事典の販売問題，カラーテレビの二重価格問題などが発生，従来とは趣を異にする運動が展開（共同購入型，情報提供型，告発型）。 病院・療養所に収容された患者の運動（悪質な管理者が，配給や患者むけの食糧や医薬品を横流しする事件がおきたことで，施設の民主化要求に発展。いのちを守る運動の最初の目覚め。	06年　米国連邦食品医薬品法（The Food and Drug Act）が成立 20年～30年　米国の情報提供型消費者運動がスタート 30年代後半　消費者運動（Consumer Movement）と呼ばれる消費者の活動が発生。 36年　消費者連合（Consumers Union of U.S., Inc0, -CU）設立。同じくConsumer Reports Buying Guide Issue発行，生活共同組合やその他の消費者組織，さらに労働組合と協力して，一般家庭の福祉が計られることになった。 38年　「食品・医薬品・化粧品法（Food, Drug, and Cosumetic Act)」，「ウィーラー・リー法（Wheeler-ler Act)」が制定。食品や医薬品に加え，化粧品や医療器具の取締りおよび詐欺的行為や商習慣に対する規制が強化。

第4章　医療消費者の系譜

1945 (S20)	終戦　患者自治会結成のはじまり。"生きたい，病気を一日も早くなおして社会復帰したい"という願望が支え。療養所で入院していた結核患者のなかから起こる（患者運動のはじまり）	戦後　米国「賢い消費者づくり」をめざした運動がすすめられ，コンシューマリズムが一般に定着した。
1948 (S23)	消費生活共同組合法が制定 3月31日　日本国立私立療養所患者同盟：全日本患者生活擁護同盟と国立療養所全国患者同盟が統合（1949年～日本患者同盟と改称）。日本患者同盟（日患同盟）患者運動の草分け，敗戦後いち早く組織をつくって患者の人権を守る運動をすすめた。	
1950 (S25)	消費者問題の発生と消費者運動の盛隆（資本主義経済の成熟段階）	インフォームド・コンセント
1951 (S26)	全国患者協会（全患協）が結成	
1957 (S32)	57年～67年　朝日訴訟運動（"権利はたたかうものの手に"あることを実践的に定着。すなわち，朝日訴訟運動の成果の第一にあげられている国民の中における権利意識とりわけ人権意識の定着。）	イギリス消費者協会（Consumers' Association）が設立，月刊誌「ホイッチ（Which）」発行。
1958 (S31)	1月20日　「イソミン」の名称で販売開始（大日本製薬）	
1959 (S32)	8月22日　胃腸薬「プロバンM」に配合して市販（同企業） 大日本製薬は，当時西ドイツに研究員を派遣するなど情報を入手していたが無視し販売を続けた。	59年～61年　3例のフォコメリア児（あざらし状奇形児）の出産が報告
1960 (S35)	60年以降　急速に各種の患者団体が誕生 60年～70年　社会保障運動（すべての訴訟に共通しているのは，今まで泣き寝入りをしてきた人たちが，"人として生きる権利"を主張して立ち上がったという点），10.19　朝日訴訟運動（一審判決：勝訴）	国際消費者機構（IOCU）成立 ベルギー消費者協会，オランダ消費者同盟が発起団体。 60年代　告発型消費者運動（アメリカ青年弁護士の先駆者：ラルフ・ネーダー）米国，生産者に対して消費者の権利意識を高めていく運動や社会全体に消費者の権利を当然のもとして認識させた運動を展開。）コンシューマリズムの進展 ネーダーらによって「賢明な消費者」や「消費者の権利」という考え方が提案された時，車やテレビだけでなく医療を選びたいと考える人々にも受け入れられた（事実，アメリカでは医療を受けることは個人消費であり高い買い物をすることと同じ）。

1962 (S37)	2月　厚生省は亜細亜製薬のサリドマイド剤「パングル」を認可。 5月17日　大日本製薬がイソミンとプロバンMの出荷停止 9月13日　大日本製薬などが販売停止・回収 　　　　（しかしその後も回収されないサリドマイド剤が市中で販売された） 広島・京都などでイソミンの販売と製造許可に対し法務局に人権侵害で訴え。	
1963 (S38)	5月13日　イソミン販売・製造許可の訴訟に対し、法務省人権擁護局は「侵害の事実なし」と結論を出した。 7月9日　大日本製薬を被告として最初の損害賠償請求が名古屋地裁に提訴。 11月4日　朝日訴訟運動（二審判決：棄却）	
1964 (S39)	2月14日　朝日茂　逝去	
1967 (S43)	5月24日　朝日訴訟運動（最高裁判決：敗訴）	
1969 (S44)	スモン病被害者が会を結成（宮城県が最初） 11月　全国スモンの会	
1970 (S45)	7月9日　キノホルム剤の中止，被害者の会が責任告発，裁判闘争へ発展	70年代　人権運動の高まりによって，「患者の権利運動」が開花。医療サービスの提供者（provider）と消費者（consumer）の関係を前提として，医療に関する消費者意識の重要性が指摘された。Starrは，この年を「権利の普遍化の時代」と位置づけ，医療にかかわる分野では特に患者の権利運動，障害者・精神障害者の確立をめざす運動などが一斉に開花したと振り返る。 The Medical Library Association（医学図書館協会）のHPに消費者と患者のための医療情報セクションが設置。
1971 (S46)		Public Citizen：Health Research Group（公共市民／医療研究グループ）が創設。「医療消費者」という考え方の普及を通じて病院の権利を擁護する運動を始めた年。シドニー・ウルフ医師とネーダの出会いにより処罰歴のある医師リストや医療過誤の多い病院リストを公表，不埒な医師や薬のリコール運動を展開。

第4章　医療消費者の系譜

1972 (S47)	スモン発生を契機に旧厚生省の事業の一環として「難病対策要綱」が策定	
1973 (S48)		「患者の権利章典」を全米病院協会が公表
1974 (S49)	10月13日　全国サリドマイド訴訟統一原告団と国および大日本製薬との間で若いの確認書を調印。以降，全国8地裁で和解が成立。	
1977 (S52)		Center for Medical Consumers（医療消費者センター）医療消費者が自分で医学情報を集められるように医学の専門書を集めた図書館のような形態。
1981 (S56)		9月〜10月　リスボン宣言（患者の権利に関する世界医師会）
1982 (S57)	薬害エイズ	NCPIE（全米患者情報教育協議会）が，FDA（食品医薬品局）や医師会，製薬業界，消費者団体などによって設立。医薬品に関する医療者と患者のコミュニケーションを改善するためのキャンペーンが推進。
1983 (S58)		People's Medical Society（市民の医療協会）が創設。医療消費者（患者）に医療サービスの正しい利用法を教えた。情報支援によって患者のオートノミーを助け，自分の体や医療のことは自分で納得できる選択をしたいという病者や患者の意思によって運動が支えられた。ラジオの患者・消費者向け教育番組。
1990 (H2)		90年代マネジドケア（米国）。同年後半インターネットの普及により，賢明な医療消費者を支援する市民グループ，病院，HMO，営利企業もネットを通じて積極的に情報提供。
1991 (H3)	5月11日　「患者の権利章典」日本生協連医療部会総会で確定	
1993 (H5)	10月12日　ソリブジン事件	
1994 (H6)		クリントンの医療改革の挫折とこれに続く医療の営利化の行き過ぎが再び「医療消費者と権利」にスポットを当てる。

医療技術の進歩は人類にとって，必ずしも幸福な結果ばかりを生むとは限らないかもしれません。発展により予想しなかった事故を招く場合もあります。実際に，生死にかかわる事故も多く発生してきました。企業不祥事と同様に，病院不祥事や医療事故もまた歴史は繰り返されてきたことが，年表の内容から窺えます。

2　生命にかかわるコンシューマリズムの概念

　本節では，コンシューマリズムが，生命と繋がる見解をもっている先行文献の内容を探究し，それが一般消費を扱う企業だけではなく，医療サービスを提供する医療機関へも向けられた概念である根拠について考察します。

　コンシューマリズム*18は，消費者運動を介して生産者が消費者の安全に配慮する活動の展開から生まれたといわれています。最初に使った一人であるバンス・パッカード（Vance Packard）は，コンシューマリズムを，人々に，ある商品を欲しがらせ，次にそれを棄ててより新しいものを欲しがらせるための企業の戦略と述べており，消費者運動の同義語として用いました。消費者運動の基礎となるのが，第1章で述べたケネディ大統領の提唱した4つの権利です。すわなち，「企業組織と消費者との相互作用過程を通じて，消費者が何らかの形で企業の提供する製品やサービスやプロモーション情報に対して不安や不満を感じることから発生」したものです。一般的な訳としては，消費者主義や生活者主義，消費者保護運動などですが，概念について統一された共通の把握はされていません。しかし，多くの見解[12]があるなかで，「消費者運動」の発展形態がコンシューマリズムと考えられています。消費者運動が脚光を浴びた1970年代からコンシューマリズムは，近年までの長い企業優先，生産第一主義の思想に対抗して，消費者優先，生活第一主義を強調してきました。そのコアとなるのは，消費者の権利思想，生活の安全権利の要求，生存権の擁護主張[13]です。

　ここでは，買手と売手の間で交換される製品・サービスのなかでも，生命に

直結する医療のコンシューマリズムについて，論点の置かれた概念を抽出してみます。

① デビットとジョージ（David A. Aaker & George S. Day，アメリカ経済学者）：コンシューマリズムの概説のなかでは，「コンシューマリズムは，それが企業であろうと政府の機関であろうとあるいは病院であろうとも，ある１つの組織との間に交換関係が存在する時にはいつでも消費者保護を標榜する。」14)述べています。

　サービスを受けるものを消費者に限定しておらず，患者は消費者に含めることを前提としています。そのうえで，患者と病院との間で生じた消費者問題から患者は保護されるべきもの，と捉えています。

② 安部：コンシューマリズムは「従来の消費者に加えて<u>生活者</u>の，また<u>人間としての生活水準の向上</u>要求と見ることができよう。」15)と述べています。

　消費者が購入するモノは，商品などの有形とは限らないことを指摘しており，無形サービスもコンシューマリズムの発生要因である消費者運動にかかわるという解釈です。

③ バスカークとコーゼ（Richard H. Buskirk & James T. Rothe）：「<u>生活水準を高める</u>ために，蓄積されてきた消費者不満の補償，回復，救済を求める組織的消費者努力である。」16)としました。

④ 宇野：「コンシューマリズム運動を<u>生活者主義の運動</u>と理解している。この世に生を受けた以上，<u>よりよく生きることを考え続ける生活者の立場</u>からすれば，チクロ入り食品，光化学スモッグ，残留農薬など，これらの問題はすべて<u>生活者の『生』</u>に支障をきたすものばかりであり，生活者の立場に直接関係する問題が鋭く糾弾されている」17)としています。

　ここまでは，人間の生命に直接かかわる治療という手段を用いた医療サービスにも該当します。換言すれば，医療に対する消費者主義は患者主義に転換できます。だからこそ，医療の安全性や医療サービスへの信頼性を病院や医療従事者に求めることは，生活者にとって当然の権利主張といえるのです。

以上のように，消費者運動の発生・展開から萌芽したコンシューマリズムは，わが国の医療界に多大な影響を与える結果となりました。米国の医療消費者運動が沈静したのちの1990年代から，わが国にも「医療消費者」の言葉が用いられました。その後，医療消費者と表現されるようになったことで，再び国民すべてがコンシューマリズムの意識と，消費者の権利・責任について考える機会が訪れたといえます。わが国の患者の人権確立をめざした医療に関する運動の展開により，患者や労働者のみならず国民すべてに人間として自らの生活防衛を強く意識させました。消費者が人間としての権利形成を求める理念を訴える結果へと繋がったのです。

　その結果，これまでに述べた医療と患者との関係性からも分かるように，医療に対して消極的で受動的な依存者（dependent）であった患者は，患者運動を通して医療へ主体的なかかわりをもち主張する患者，すなわち医療サービスを自らの意思で受ける顧客（client）へと移行しました。さらに，患者の権利行使と自己責任の意識をもった消費者（consumer），すなわち医療について自身で判断，意思決定しようとする消費者へと変化しつつあります。こうした動向からみえてくるのは，現代に抱える深刻な医療問題が繰り返され，また，私たち生活者が一時忘れかけていたコンシューマリズムの意識をもつことで，再び勢力をもつようになってきたという点です。

　「医療消費者」の原拠を論考してきましたが，わが国の患者運動には，戦前から闘ってきた患者や労働者，その家族，支援する国民らの努力による生命を護るという信念が根底にあることが分かりました。一方他国では，医療にかかわる消費者運動が特に米国から発展，その風潮は患者ニーズに対応した医療と病院の社会的責任の追求を強く求める時代が到来し，わが国へ招きました。患者運動および消費者運動それぞれの根底には，「生命を護る医療」と「生活を護る医療」が存在します。その接点には，だれもが生活のなかで医療サービスを受け医療制度下で「自分の生命は医療を消費することで護る」，という意識変革が求められていたのです。さらに，変革期においてさまざまな医療問題が発生し，こうした過程で起こった事象が徐々に私たちへ，医療に対する消費者

主義の考えを喚起させる結果となりました。

「医療消費者」の言葉を用いる意味には，医療関係者や現代を生きる国民に対し，患者運動の根本思想をもつコンシューマリズムを強く意識づけることに狙いがあったといえます。「医療消費者」と表現するのは，すべての生活者へ一人ひとりがコンシューマリズムの意識で医療について真剣に考える重要性と必要性を促すことでした。その喫緊の課題として現代，未来へと警鐘を鳴らしているのです。

3　医療サービスを利用する患者と消費者の関係

　病院の社会的責任が問われるようになったのは，医療事故の頻発が事故に対する社会的関心を集中させたことや，病院あるいは医療行為への安全や信頼を損なう機会を患者に強く与えたなどの結果です。こうした契機が患者に対して，「消費者の権利」に準拠する「患者の権利」を強く主張することとなり，医療の質向上を求める意識変換へと繋がったのです。また，アメリカの医療に関する消費者運動や医療経済学[18]の発展などが関連し，2000年以降，患者の権利に目が向けられ始めました。しかし，医療消費者の存在は定着するまでに至っておらず，関連文献はまだ数少ないのが現状です。それゆえ，医療消費者についてコンセンサスのある定義はなく，関係者がそれぞれの考え方を示している状況といえます。

　そこで，医療消費者に関連した文献を探るために，患者を消費者と捉えた文脈の共通項を抽出し，概念を整理していきます（表7）。

表7 医療消費者に関連した文献

(1) 辻本（1998）[19]：自己負担増を悲観的にとらえるよりも，むしろ支払った分に見合うだけの「医療の質とサービス」を見極める消費者の感覚を研ぎ澄ます第一歩を踏み出すとき（略）。21世紀の医療改革のキーワードは「競争原理の導入」と「医療消費者のエンパワーメント」。

(2) Hogg（1999）[20]：サービスの一形態である医療も消費の対象，つまり「商品」となり，その商品を「購入」する個人は「医療消費者」となり，消費者は医療にも「ベスト・バイ」を求めてくるようになった。

(3) 児玉（2000）[21]：消費者としての患者さんというとらえ方をする時には，自分でお金を払って自分で選択をするという意味で，自己負担，自己責任が大前提になります。

(4) 鈴木（2000）[22]：医療サービスを受ける当事者は患者であり，最近多発している医療ミス，医療過誤などの被害を被るのも患者であり，消費者として保護されなければならない。

(5) 広井（2000）[23]：医療を一つの「サービス」ととらえ，できるだけ他の分野ないしサービス業と同様のシステムを導入し，そのことを通じて医療の質の向上を図るという発想がある。

(6) 望月（2000）[24]：医療の主権者であり，サービスの受け手でもある患者様を消費者（医療の分野では「顧客」という言い方があります）と捉える視点は必要（略）。

(7) 埴岡（2001）[25]：情報技術（IT）の飛躍的発展が，医療消費者たる患者の行動，思考，態度を一変させようとしている。病院側が医療情報開示，患者教育，医師教育などの課題を解決する体制を固める前に，目覚めた患者が情報開示と医師啓蒙になだれをうって押し寄せている。

(8) 望月（2001）[26]：医療をサービス業のひとつととらえれば，病院経営に消費者志向努力が不可欠であることには異論がないだろう。これからの医療には患者を消費者ととらえ，その権利の保護と情報の提供，さらには患者ニーズの把握と的確なる対応などが求められてくるであろう。

(9) 佐藤（2002）[27]：今までの医療が，提供者側の論理が中心となる一方で，消費者（メディカルコンシューマー）側からの視点が欠けている。

(10) 井伊（2003）[28]：医療の質の評価が根付かなかった理由がいくつか考えられるが，近年は消費者意識の高まりや産業界の要請などから日本でも医療の質の評価は避けられなくなってきている。

⑾ 和田（2003）29）：医療を受ける患者は消費者である。医療消費者は，「医療の質」を求めるようになった（略）。

⑿ 島田（2004）30）：人が体調の不良や病などで「財貨」を使用して，薬剤を購入することや，病院へ受診し医療「サービス」を受ける（使う）ことは「消費」として考えることができる。

⒀ 中山（2004）31）：患者は当然医療消費者に含まれます。医療消費者は，患者本人に加え，患者家族，今後，患者になる可能性のある人々を含む広い用語です。

⒁ 日経BP社（2006）32）：患者は今や「医療消費者」として，納得できるまで説明を求め，ベストの結果を期待するようになっている。（略）きめ細かく，行き届いたサービスを求める。つまり，消費者としての権利を主張し始めた。

　年次順で挙げたこれらの文献は，以下の2つの観点から述べられていることが分かります。
　一つには，「医療サービス」と「消費」のかかわりについて述べている点です。例えば，Hogg（1999）や広井（2000）などがそうです。また，朝日（2000）33）は鈴木（2000）の文献のなかで，医療の主権者を患者という側面からみた場合，代金を払って医療機関を選択することは，「消費者」として当然の権利である。患者と医療機関が情報を共有した患者主体の医療市場が作られるならば「消費者」と呼ぶことができる，と述べています。島田（2004）34）は，国民医療費が国民所得の伸び率を上回っているということは，医療に対して財貨や金銭を使用しており，これは「消費」していることになる，と述べています。また，消費者物価指数の費目の一つとして保健消費がサービスとして位置づけられ消費の対象とされたこと，すなわち病院へ受診するために医療サービスを受ける（利用する）ことは「消費」として考えられる，としています。これらは，医療市場における「医療を消費する」視点と捉えているものといえるのではないでしょうか。
　もう一つは，医療サービスと消費の関連を根底に捉えたうえで，「医療サービスを消費する」という意識変化の必要性を医療機関に促すことに焦点を当てた観点です。例えば，望月（2001）や佐藤（2002），井伊（2003）などがそう

です。また高橋（2000）[35] は，医療サービスの提供側と住民とを，生産と消費の観点で捉えています。生産者と消費者の関係性においては，医療に関する協同の成立が困難です。そのため，生産者は消費者志向に基づく工夫や調整を行う状況を作り出すことで患者を消費者という視点で考えることの有効性を述べています。

（注）

*12　田村久美・水谷節子，「『医療消費者』の変遷からみた消費者教育研究への展望」『消費者教育』第28冊，pp. 41-50, 日本消費者教育学会，2008年。「医療消費者」について，一般消費と医療消費の相違をAIDAM理論に基づいて比較した。また，医療消費者に関する文献整理から概念を整理し，「自分の体を健康にするために医療サービスを医療費を払って受ける人。健康に生活できるために，医師に任せるばかりでなく，治療方法や使用する薬，医療費などの情報を知ろうとする患者としての責任をもつ人。つまり，患者は医師任せの意識が強いのに対して，医療消費者は自主的に医療にかかわる意識が強い」という筆者の見解を示した。

*13　わが国のコンシューマリズムの発展は，生協運動を中心とするヨーロッパ型ではなく，告発型のアメリカ型といわれている。消費者主義，すなわちコンシューマリズムの用語の考案者は，ジョンソン大統領の消費者問題特別補佐官ベティ・ハーネス（Betty Furness）とガス器具製造協会の政府サービス理事ポーリン・ダンケル（Pauline Dunckel）とされている。今井光映・小木紀之，『消費者福祉』, p.23, ミネルヴァ書房，1971年。

*14　例えば，境井孝行，『国際消費者運動－国際関係のフロンティア－』, pp. 82-83, 大学教育出版，2002年。ラルフ・ネーダー，河本英三訳，『UNSAFE AT ANY SPEED　どんなスピードでも自動車は危険だ』, ダイヤモンド社，1969年。

*15　例えば，宇野政雄，『新マーケティング総論』, p.18, 実教出版，1978年。大藪千穂・岩本奈知子・多田吉三，「ラルフ・ネーダーとネーダーズ・レイダーズ(3)」『大阪市立大学生活科学部紀要』39, pp. 323-332, 1991年。ネーダーは，ゼネラル・モーターズの人気車種"コルヴェア"（corvair）を欠陥車と指摘し，1966年に自動車の安全問題を審議していた合衆国上院議員の目に留まり，公聴会に呼ばれた。そこで彼は，大企業GMのローチェ会長に謝罪させた。

*16　九州の高島炭坑でコレラが流行した際に，3,000名の坑夫中，半数がコレラに罹り死亡した。そのとき会社のとった態度は，海岸に大鉄板を置いて，労働者が発病して一日たつと，患者の生死に構わず，その鉄板の上で焼き殺したという。長宏，『患者運動』, p.85, 勁草書房，1978年。

*17　八田知成，「コンシューマリズムの動向」『専修商学論集』15, pp. 33-58, 1973年。八田は，サービス業が消費者の要請に対してとるべき施策の3原則を述べている。

①消費者の安全が守られること，②消費者の選択が確保されること，③消費者の意向が事業者，行政に伝えられ反映されること，を強調した。

＊18　W. K. ゲイブラー（Werner K. Gabler）は，「消費者としての能力に応じて欲求する商品ならびにサービスの賢明な買い手ならびに使用者たらしめるために行われる，組織的もしくは非組織的なすべての努力を包括したものである。」と述べている。W. K. Gabler, Labeling the Consumer Movement. 14, 1939年。清水晶, 『新・消費者志向のマーケティング』, p.38, 同文舘, 1973年。コンシューマリズムの生成について論じている文献としては，三上富三郎, 「コンシューマリズムの概念と本質」『明大商学論叢』57(1), pp.23-45, 1974年, などがある。

第5章

医療消費者の概念

> 生命を護る手段である医療サービスの利用は，生活上必要な他のサービスと同じように考えられる部分が多くあります。その医療サービスの消費行動には，個々の消費者が権利と責任をもつ時代の象徴であることを，前章で述べてきました。
> 本章では，「医療消費者」を一括りに「消費者」と表現するのではなく，なぜ「医療」という語彙を用いるのか。その真髄に迫ります。

1 医療消費者の概念整理

　医療サービス利用者を患者や消費者などと呼称せず，医療消費者と表現するのにはそれなりの根拠が伴います。このような疑問符があり前章では，消費者運動や患者運動により発展したコンシューマリズムの再興から医療消費者の原拠を探りました。

　本章では，医療と消費者の消費行動の観点で捉えます。無形サービスによる「一般消費」と「医療消費（診察や治療などの医療サービス購入）」については，それぞれの基底となる事象の消費者行動を比較することで両消費の相違を整理していきます。これらを比較することで医療の特異性を明らかにし，「医療消費者とは何か」を探求します。

(1) 「消費者」と"医療"消費者」とは何が違うのか

　一般消費については、さまざまなサービス内容が考えられます。ここでは、医療サービスとの比較対象になり得るものとして、「宿泊サービス」を挙げます。宿泊サービスは、日本標準産業分類の区別では大分類に含まれており、ホスピタリティの重要性が注視されているからです。近年では、このホスピタリティを医療機関へ導入し、利用者の満足度向上を図るといった動向がみられます。こうした根拠に基づき、宿泊サービスと医療サービスは類似する領域といっても支障がないと判断できるため、宿泊サービスを医療サービスとの比較対象としました。

　比較項目は、消費行動プロセスの仮説であるAIDMA（アイドマ）の法則*19を参考に考えていきます。AIDMAとは、サービスに対する評価までを含めた消費行動「①商品購入の導入への欲求、②情報収集、③選択・判断、④意思決定、⑤購入、⑥評価」を示すものです。表8では、消費行動における一般消費（宿泊サービスの顧客）と医療消費（医療サービスの患者）について、それぞれAIDMAの項目に当てはめて、どのような違いや行動がみられるのかを比較してみます。

表8　消費行動における「一般消費」と「医療消費」の比較

項目	一般消費 （宿泊サービス／顧客）	医療消費 （医療サービス／患者）
①欲求	受けたいサービスについての欲求は、ある程度消費者自身の認識が可能で、イメージに具体性がある。	疾病を治癒し最終的に「健康」になることを望む。しかし、どのような治療を受ければ治癒するか判断の具体性はない。
②情報収集	比較的に明確な欲求が提示されるため、具体的な情報収集が容易である。 サービス内容は公開された情報の利用や直接に確認するなどの方法が可能である。また、消費者への情報開示が強く要求されるようになってきたことからもサービスに対する料金情報は比較的入手しやすい。	情報の種類には、適切な病院を探すための情報、よい医師探しのための情報、どのような治療方法があるのかを調べるための情報などがある。ただし、医学用語や症状、治療方法などは専門用語が多く難解である。 また個々の体質や特徴などにより同様の医療サービスがすべての人に適応するとは限らない。 したがって、具体的な治療方法や治療

62

③選択・判断	欲求とその対価を天秤に掛け個人の価値観で選択・判断できる。　商品料金は事前確認することが一般的である。また，それが容易なため，不明でも料金提示の要求が可能である。	費などは不明である。　患者自身の限られた経験と情報に基づいて選択・判断しなければならない。　決断に迷う場合は，セカンドオピニオンを利用することができる。とはいえ，治療内容に未知な部分が多いため自己判断に自信がもてないうえに納得しづらい部分がある。
④意思決定	具体的なサービス内容を確認したうえでの意思決定が可能である。　主として消費者の主導権で決定する。	医療技術やサービスを直接みることができないままの意思決定となる。　医療提供者側に委ねる部分が多い。
⑤購入	欲求に対する判断条件はその内容によって異なるが，条件が満たされれば公平な購入が可能である。　売買契約によって行われ，サービスに対する価格が提示されたうえで提供者に直接代金を支払い，サービスを受けるという手順になる。　サービスに対しては全額払いで，消費者・サービス提供者の二者間取引となる。	医療サービスを受け（受診），それに対する医療費を支払う。　医療サービスを受けた後でなければ正確な受診料金は分からないが，医療サービスに対する支払いは全額ではなく一部負担に留まる。医療サービスの提供は医療機関から受けるが，医療サービスの現物給付は保険者であり，患者・医療機関・保険者の三者間取引による。
⑥評価	希望に近いサービスを受けることで満足度を図り，サービスに対する評価がされる。　消費者はサービス内容に疑問点があった場合その解消に努めようと提供者へ説明を要求する。大抵は説明内容について理解することができるため不安・不満は解消される。　提供者側の信頼関係というよりも，どれだけ希望するサービスを選択・購入できるか，すなわち消費者自身が能動的な消費行動に移すことで得られる満足度合いは大きくなる。	治療中は受けた医療サービスが満足できるものかどうか明確な評価ができない。患者が評価できるのは，医師の助言やアドバイスに対する結果による「健康」回復の程度，また受診から治癒までのトータルの医療サービスとなる。　しかし，医療や医療サービスの知識に関して未知な部分が多いことから「医師と患者間の信頼関係」に問題が生じやすく，それが患者満足度の低下要因に繋がる。

　まず，サービスを利用したいという「①欲求」には，両者とも何らかの明確な目的が存在し，その点については類似しているといえます。目的達成のため

にとる「情報収集」後における消費行動は異なります。

　一般消費によるサービスの場合，消費者はサービス内容に関する知識や情報に基づいて，予算に応じた選択をします。医療消費の場合，「健康」という目的に近づくために，治療の内容・方法や医療費（一般消費でいうサービス内容と利用価格）に関する「②情報」源が十分入手できなくても「③選択・判断」します。ただし，最終的には，「④意思決定」をしなければ治癒に向かう手段は考えにくくなります。こうした医療サービスの特徴の一つとして，医師側が患者に提供する，医療に関する十分な消費者情報には限界があるのです。

　患者と医師との間には，一般消費と異なる格差のある情報の非対称性がみられます。それは，供給側である医師は，提供しようとする医療サービスについての知識を備えた情報をもっています。しかし，需要側である患者は，医療サービスの内容はおろか医療について無知に近い状態です。治療の内容について，医師から説明を受け情報を得たとしても，十分な理解が得られることは非常に難しいのです。このような状態のなかでも患者は，自分自身の医療サービス消費の意思決定を迫られるわけです。また，容態によっては即決を迫られる緊急の場合も考えられます。あるいは，「健康」回復までは，医療サービスを続ける（「⑤購入」）という道を選択せざるを得ない場合もあります。治癒した後の医療サービスの「⑥評価」に関しても，「消費者／患者が医療サービスを受ける前のみならず，受けた後でも，それによって健康が改善されたかどうかを評価することが困難であるという特異な問題が存在」[1]します。つまり，医療消費の動機は，「健康」回復のための生命維持を原則とした治療という「医療サービス購入」であるため，初診で治療代を支払った時点では，ほとんどの場合治癒しておらず，病気によっては医療サービスを受ける期間が長期に渡る場合もあり，一過的な評価は難しいのです。

　また，別な表現をすれば，ホテルサービスは，顧客に対するサービスは至れり尽くせりの受身的な部分があります。逆に医療サービスは，受身だけではなく患者の能動的を促すようなサービス提供でなければなりません。受身的，能動的という観点では，サービスを受ける側の意識の置き方により，そのサービ

スへの評価も違ってきます。

次は，消費者視点による一般消費と医療消費の相違（表9）を挙げることで，さらなる消費の特異性を示してみます。

表9 消費者視点における「一般消費」と「医療消費」の相違点

比較項目	宿泊サービス	医療サービス※
目　的	休息（心身の癒し）	病気の治癒（健康を増進する）
立　場	客	患者
主な関係性	フロント，その他の従業員	医師，看護師，医療事務職員など
提供者との対等性	上位	下位
サービスの情報・知識	ある程度，情報が得られる	専門的で限界がある
価　格	事前に確認できる	事後に知る
負担額	全額	一部（美容形成・整体治療などは別）
選別・選択	自由にできる（容易）	限られる（困難）
意思決定	情報が頼り	医師の指示・アドバイスが頼り
評価の明確性	評価しやすい	評価しづらい

※　医療サービスは外来患者の場合を想定している。

一般消費とは異なり医療消費の場合の消費者は，医療サービスという商品（あえて商品とする）を判断・意思決定する際，あまりにも不透明な要素が多く，手探りの状態で消費行動を行っています。患者は，医療サービスを特異なサービスであるという意識をもつことが重要であり，その点を踏まえた消費行動が求められます。したがって，この重要性を医療従事者はもちろんのこと，患者とその家族，さらには，患者という立場になるかもしれないすべての人に促す必要性があります。それゆえ，「患者」を単に「消費者」とせず「医療消費者」と呼称するのではないか，と考えることができます。

ただ一方では，医療消費者という言葉に対して，医療の商品化を暗示しているともいわれています。消費者の権利は購買力に裏付けられた権利という誤解を生じるため，患者の主体性を表す言葉として「医療利用者（ユーザー）」の

方が好ましい[2]とする意見もあります。しかし，一般的に今日の消費者は，消費者意識が強くなっています。こうした意識変化によって医療サービス消費に対しても主体性を求めるのであれば，単に「利用者」という用語ではニュアンスが異なっており，本来の意図する意味を十分に表現しているとはいえません。

また，医療を強調した消費者に関連する用語は，患者と医療サービス提供者の両者に対して意味のある提示といえます。だからこそ，患者を消費者視点で捉えることが定着しつつあるなかで，今後どのような"医療消費者像"が描写されようとしているのか。その探究には大きな意義があります。

(2) 医療消費者の概念
1)「消費者」と「医療消費者」の概念図

これまでの考察から，「消費者」と「医療消費者」の関係性と，それぞれの位置づけを整理し，各用語の定義を明確にしてみます（図6）。

図6 「消費者」と「医療消費者」の概念図

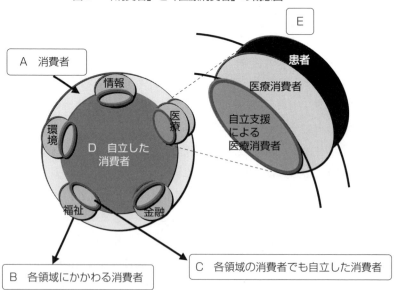

第5章　医療消費者の概念

　医療消費者は，単独の存在ではありません。本来は，消費者【図6A】のなかの「自立した消費者」【図6D】が基本にありました。消費者の自立をめざすための関連領域として情報や環境，福祉，金融【図6B】などがあり，各領域のなかに自立した消費者【図6C】が位置しています。これらの領域は，これまでに積極的な研究が多く展開されてきました。「医療」の領域はそれらと同様に考えることができ，自立した消費者をめざすための一領域に含まれます。その「医療」部分を拡大した図が【図6E】になります。

2）患者・医療消費者・自立支援による医療消費者の違い

　図6Eに示した「患者」，「医療消費者」，「自立支援による医療消費者」の違いについて考えてみます。

　これまで述べてきたように「医療消費者」は，病気や怪我により治療を受ける対象となった人という意味の「患者」を包含しています。患者が医療消費者と異なる点は，消費者意識をもつかどうかの違いにあります。医療消費者は，医療機関や医療従事者に対して分かりやすい医療情報や質の高い医療サービスなどを求め，また医療サービスに対して（医療費の一部負担であっても）医療費を払う以上，"消費者意識"をもった"消費行動"の取れる患者，およびその他患者になり得るすべての人をさしているのです。したがって，医療消費者は，消費者意識をもった情報収集，医師や治療方法を選択・受療する人と表現することができます。

　さらに，自立した消費者育成の領域に位置する「自立支援による医療消費者」とは，医療提供者に対して，分かりやすい医療情報や質の高い医療サービスを求めるだけでなく，自らが意思決定できるよう医療に関与し，主体性ある消費行動のとれる医療消費者を，医療機関や第三者機関の支援により育成することです。いかにして，支援ネットワークを構築して，その機能性を活用するかが課題になります。これは，第3章で述べた医療ガバナンスの医療消費者・医療関係者・医療機関の好循環サイクルの機能がうまく働くこととも関連しています。

2　医療消費者の自立支援にかかわる教育

　消費者の権利意識の強いアメリカでさえも，医療を受ける患者を「消費者」と捉え，患者主体の医療志向が浸透したのは1970年代です。医療に関する消費者主権の着実な進展が基盤となり，わが国においても「患者は消費者である」ことを医療機関の意識変革として確実に求められています。こうした動向は，①病院経営者や医療関係者は「医療サービス提供者からみる医療消費者の側面」，②患者は「医療サービス受給者としての医療消費者の側面」，と両者はそれぞれの側面から捉えた医療消費者の意識が必要になっている，ということの表れだといえます。

　これについては，両者への支援体制が今後の課題として求められます。例えば，医療サービスの提供者側においては，患者への説明や理解を求め，提供者とともに治療に参加することで医療トラブルの発生を防止するインフォームド・コンセントが重要視されます。また，入院患者に対応するクリティカルパスが実施されています。さらにこれらに加え，両者のよりよいコミュニケーションの構築にかかわる医療提供者の高いモチベーションも重要な点としてより一層望まれています。

(1)　医療サービス提供者からみる医療消費者

　医療機関や第三者機関による支援ネットワークの一方策としては，消費者に対する教育（例えば，消費者教育）などからアプローチできます。
　上述した，①病院経営者や医療関係者に対する「医療サービス提供者からみる医療消費者の側面」による見解では，医療従事者の「消費者教育を受ける権利」を尊重し，院内や医療情報提供のさらなる重要性の指摘がされています。先行研究では，井部[3]が，看護師は「（薬剤などの安全）確認作業の手順を待合室に提示したり，院内パンフレットを作成する」などの工夫が必要であると述べています。続けて，「消費者教育では，知識の習得だけではなく，学習

内容が行動に結びつくことが大切になるので、注射の安全確認の方法に関する実際の手順などを『市民講座』などの形で公開していくことも重要」と具体例を述べています。井部は、このような内容を「医療消費者教育」と呼称しています。

これらは、医療従事者と医療消費者の関係性を理解し、医療サービスの充実や医療事故の未然防止に対する医療知識や技術の再認識を目的とした教育的アプローチの必要性を示した観点です。

(2) 医療サービス受給者としての医療消費者

一方で、②患者に対する「医療サービス受給者としての医療消費者の側面」に対する教育的アプローチも必要になってきます。

先行研究として宝住[4]は、患者のためにも医療評価のあり方を医師サイドから真剣に考えるべきだが、それ以前に、患者サイドで医療機関への評価が判断できるような仕組みが必要であると述べています。例として、質の善し悪しを見分けられるような情報開示と、その選択眼を育てるような「患者教育」の必要性を明示しています。また粂[5]は、アメリカの医療消費者団体を紹介し、日本とは異なる市民の主体的な政策形成を指摘して、わが国は「真の参加型の民主主義に変わっていくためには、やはり、市民自身が意思決定に参加していく土壌を育てていくべきだと考える。それは、医療の場では、特に重要である。」としています。

これらを後押する文献としては、20世紀前に消費者教育が経済学の領域に拡大した要因となった『労働と富』（Work and Wealth, 1914）があります。このなかで著者の一人であるホブソン（John A. Hobson）は、「経済学者は消費に関しても、等しく注意を払うべきであるということを力説し、経済学の教科書は生産面を強調しすぎている、と公然と非難」[6]、その後、消費者教育を発展的に教育のカリキュラムに組み込むよう提言しています。経済学で扱う領域を消費者教育の観点から議論することが必要であるという主張は、時を経て、医療経済における消費者教育へ何らかの示唆を与えることになったといえるの

ではないでしょうか。

　医療サービスに対する意思決定は，医療消費者にとっても重要な消費者行動の一課題です。そのため，そのプロセスを適切に踏まえることができるよう，ある場面で「医療消費者力」をつけることが問われているのです。その能力が結局のところ「医療消費者の自立支援」へと繋がることになる，と考えることができます。

　医療消費者は，医療市場のメカニズムに期待するのではなく，医療サービスを消費生活の一事象と捉え，それに対する消費者意識を備えることが求められます。その一方法として，消費者教育があります。消費者教育の医療消費者の育成には，医療消費者が医療サービスの情報収集・判断・選択・決定する際に，それらに関する知識を習得する目的があります。もう一つは，消費者としての人格が尊重され，安心で健全な自己実現を図れる生命の基本的権利が加味されているか，ということを意識した意思決定の力をつけることです。自分が受ける医療に関心をもち情報収集する努力や，かかりつけ医をもち，医師と長く付き合える信頼関係を築くことも，これからの"医療消費者像"に含意される観点といえるのではないでしょうか。

　今後求められる医療消費者像として，病院側が消費者志向を重視した対応になる環境すべてに依存しないことです。また，医療消費者が医療提供者と同様の知識をもつことは不可能とはいえ，自分の病気に関心を示し，知識やその治療法，薬剤，予防法，リハビリなどについて医師や看護師，理学療法士など医療従事者から得ようとする意識と行動が必要であることを認識することです。

　医療機関等が行う「患者教育」も一つの手段です。患者教育に参加することによって情報提供の機会を得られることは多くあります。例えば，患者の知識向上や治療効果を高めるための「患者教室」の目的は，院内で医療従事者が患者やその家族などを対象に，病気に関する知識や予防法などの情報提供を講習会形式で実施しています[20]。この教室は，単なる情報共有の場だけではなく，同じ病気や悩みをもつ患者やその家族同士の交流から情報ネットワークを構築する機会にもなります。また，こうした取り組みが，医療提供者と医療消費者

の歩み寄りの契機となり，医療消費者の意思決定にも大きく寄与できると考えられます。

　以上の点から，医療費を払って医療サービスを利用する患者を「医療消費者」と捉える根拠について述べてきました。また，医療消費者の存在は医療市場に定着する動向にあることが推察できました。このような時流にあるからこそ，福祉ガバナンスと医療ガバナンスを基底にした「医療消費者の自立支援」をめざす新たな取り組みが重要視されているのです。

（注）
*19　AIDMA（アイドマ）の法則は，アメリカのローランド・ホールが提唱した消費行動プロセスに関する仮説である。AIDMAとは，Attention（注意）→Interest（関心）→Desire（欲求）→Memory（記憶）→Action（行動）で，消費者があるモノやサービスを知り，それから買うという行動に至るまでのプロセスである。このプロセスには，製品やサービスに対して注意をはらうようになる「認知段階」，興味や関心を抱き，欲求し，記憶する「感情段階」，最終的に購買行動を起こす「行動段階」の3つに分けられている。
*20　例えば，膝の痛みなどに関する「整形外科患者教室」（独立行政法人国立病院機構刀根山病院，第三回整形外科患者教室，http://www.hosp.go.jp/~toneyama/00TOP/news 0261.htm，2007年参照．），医師による動脈硬化の成因やその予防説明，薬剤師による薬説明，栄養士による食事指導などの「心臓病教室」（神戸市立医療センター中央市民病院，患者教室，http://www.kcgh.gr.jp/kyoshitsu/index.html，2007年参照．），療養についての情報提供や病気を理解し，より良い療養をするために患者同士や家族と医療従事者の交流を目的とする「膠原病・リウマチ教室」（神戸大学医学部付属病院，患者教室http://www.med.kobe-u.ac.jp/hosp/pat/index.html，2007年参照．）などがある。

第6章

病院の医療消費者志向

> 医療消費者の行動は，医療サービスの受療者だけが実践できればよい訳ではありません。医療安全を確保し，提供者と受療者の双方が医療に参加した医療サービスを実現することが重要です。そのためには，「医療消費者の行動とは何か」を明らかにしておく必要があります。
>
> 第6章から第8章では，医療サービスの提供者側の医療消費者志向のあり方について考えていきます。まず本章では，病院組織の管理を司る位置に属する「医療事務職」，次章は「医療消費者に直接医療サービスを提供する医師」，最終章は「医療消費者」です。この3者に特化して，それぞれの具体的な行動内容について論じます。

1　病院管理からみる事務スタッフの役割変化

　医療現場は，少子高齢社会や医療費抑制政策，医療制度の変化，診療報酬請求改正，勤務医の負担軽減に対する施策など，変革の局面を迎えています。
　特に，これまで病院従事者のステイタスとして，決して高いとはいえなかった事務スタッフが，病院機能組織の中核部署として期待が高まり，教育機関では医師の事務作業を補佐できる人材養成が急がれます。これは，医療の安全神話が崩壊し始めた99年頃を境に，事務スタッフが病院経営において，組織管理の重要部分として，病院の生き残りへのカギであると指摘されている点からも

窺えます[1]。しかし，理由はそれだけではありません。事務スタッフには，患者の医療サービス評価（患者満足度）を左右する当事者として，医師や看護師などと同様に，サービスの質向上に直接的あるいは間接的にかかわりをもった役割が期待されています。

　こうした時代変化から捉えた，消費者に関する教育研究の着手すべき観点として，医療サービス提供者は医療消費者志向の意識をもつ必要性が追求されるべきです。とりわけ，喫緊の課題の一つである医師の負担を軽減するために，事務作業の面でサポートするスタッフの役割拡大と，サービス業である医療をいかに医療消費者へ提供するか，といういわゆる企業でいう消費者志向への導入が求められています。

　例えば，医学用語やレセプト，電子カルテ代行入力，文書処理などの専門知識を習得していても，知識の活用が，医療消費者を第一に考えた意識に基づいた行動に結びつかなければ，患者主体の医療サービスが提供できているとは言い難いわけです。昨今では，病院が患者を消費者の視点で捉える傾向はみられたものの，事務スタッフまで浸透していません。

　このような背景から本章では，病院組織として取り組む患者満足の観点で，事務スタッフの役割を踏まえた医療消費者志向の基本指針について探究します。

(1) 事務スタッフの職種とそのポジション

　最初に，院内における事務スタッフのポジションを確認しておきます。まず，組織の概念についてです。組織とは，100床以上の中・大病院だけではなく，医院やクリニックなどの小病院も，2人以上が協働で共通の目的を達成しようと仕事をする集団のことです。組織には業務の分担，連携の方法，仕事上の位置や主導権のとり方などにあらかじめ約束を必要[2]とするものです。つまり，医師や看護師だけでは病院組織は成り立たないということが理解できます。医師は診療，看護師は看護業務，事務スタッフは診療報酬や経営に関する事務処理全般，部署間の潤滑を図るという，それぞれ明確な分担と密な連携が役割としてあります。こうした各セクションの機能により組織が成り立っています。

事務スタッフを個別にみると，医事課（受付・会計窓口，入退院事務，病棟クラークなど），人事・総務・庶務課（医局秘書，院長・理事長秘書など），病歴管理室など，幅広く配属されています。いわゆる事務系職員は，病院経営層の直結部門であり，ヒト・モノ・カネ・情報などの経営資源を司っている事務部門として医療サービスの質にも密接にかかわります。したがって，組織の機軸となる事務スタッフは，よりよい医療サービスの品質管理の一部門として，その能力の高さが問われ，病院の生き残る条件として欠かせない重要な人的資源となります。

　病院組織を管理するためには，医療サービスの質，すなわち医療機関における組織活動のすべて（診療［経過・結果］，組織管理［人事労務・労働安全衛生・施設設備・安全・環境］，経営指標［財務］，職員［能力・態度・成果］，患者満足［苦痛軽減，診療成績，時間，経済性］）が関与してきます。これらの医療サービスの質は，医療の質（診療の質［技術・能力・成果］，付帯サービスの質［設備・接遇・その他］，提供体制の質［制度・組織・運営］，経済性［費用対効果・効率性・支払制度］）に繋がるものです[3]。組織の階層毎に，それぞれの役割を遂行することが病院組織成立の前提条件となります。しかし，こうしたあらゆる側面を，医療消費者の目でみることのできる範囲は限られます。また，みる人により病院評価の範囲や程度も異なります。一方で，提供者側である部署あるいは個人のサービス対応が異なるといった，表面だけ取り繕う見掛け倒しのイメージは本当の病院ブランドとはいえません。

　他院とは違うサービス，対応者が変わってもいつも同じ質の高いサービス提供を継続するには，組織体として健全な病院経営とそれを理事長・院長など経営者層から末端の派遣社員まで，病院理念の行き届いた温度差のない体質をつくることが肝要になります。これは，病院にとって常に中核に置くべき継続的な課題といえます。だからこそ，まだステイタスが高いとはいえない事務系職員のポジションと，その役割を改めて再確認する必要があります。

(2) 求められる事務スタッフの機能
① 組織の一構成員としての視点

　病院組織は，その規模や特徴により異なるため，事務部門の業務範囲や特色も一様ではありません。ただし，一つの集団として，医療消費者へよりよい医療サービスを提供する理念は同じです。その職務を全うするには，まず院内組織による「チーム医療」の充実を図る必要があります。

　良質な医療や情報開示，情報共有，患者満足度，情報化などをチーム医療としてより高度にしていくのは，事務部門が病院経営のサポートとして収益性，継続性，社会性4）という側面からのアプローチが重要になります。つまり，病院における組織の一構成員として担う協働体系は，特殊なものではなく，「意識的に調整された人間の活動や諸力の体系である一つの組織」に他なりません。

　経営学者C. I.バーナードが提唱する組織の成立，①相互に意思を伝達できる人々がおり（伝達），②人々が貢献する意欲をもっており（貢献意欲），③共通目的を達成する行為（共通目的）5）は，組織人として不可欠な要素といえます。そして裏方，補佐的立場の強い事務スタッフが，こうした意識をもつためには，医療チームから外れた体制に位置してはなりません。だからこそ，事務系職員の病院組織における役割変化が表れるようになった今，事務スタッフもチーム医療の一員であるという見方が非常に重要になります。各職種の役割には，医師が診療部門，看護師は看護部門，放射線やリハビリテーションなどは診療技術部門，そして医事課や医療秘書などは経営部門であり，事務スタッフも経営を担当する病院運営に欠かせない重要なポストなのです。

② 医師の補佐役としての視点

　病院の収入は，基本的には診療報酬請求からしか発生しません。言い換えれば，正しい処理，請求ができない場合，それが病院経営の圧迫に直結します。

　医療経営コンサルタントによる診療算定漏れの調査事例では，一ヶ月500万（年間6,000万円）が請求できていないケースなどがあるといいます。この原因は，事務の知識不足による初歩的なミスだと指摘されていました。こうした

事例は調査によって初めて明らかになるもので，実際には気付かない算定漏れが水面下では多くあると推測されています。医師の書いた診療録から必要な診療報酬を処理することは，医師の見落としを防ぐことにも繋がります。事務スタッフには，診療報酬の知識をもつプロとして，必要な能力や経営参画意識，責任意識が当然求められます。

メディカルクラークや病棟クラーク（医療機関により名称はさまざま）の業務である，病棟内で発生する事務処理や請求業務などにも同じことがいえます。例えば，病棟では，医師は回診で医療行為を指示します。このときに投薬や注射の指示があった場合，クラーク職員が入力ミスや伝票の記載を間違えてしまえば，その医療行為は実行されません。あるいは最悪の場合，医療事故により病状悪化や死を招くことさえ起り得ます。クラーク業務でも，医療消費者に不利益を与える結果を引き起こす可能性は皆無ではないわけで，医療行為と密接した関係にあるのです。

このように医師を介した医療サービスは，事務スタッフから医療消費者へ間接的に実行される行為といえます。

③ 医療サービスの質にかかわる視点

医療消費者が病院で最初に接する多くは，外来受付です。本来，企業の受付というと社内の窓口として組織行動を把握し，来客ニーズに対して的確・迅速に対応する役割などがあります。一方，病気の不安や恐怖を抱えて来院する医療消費者に対する病院受付の接遇には，一般のサービス以上の配慮が要求されます。医療機関では今，それが当然のこととして要望されており，昨今の動向の一つといえます。したがって，特に事務スタッフの接遇態度に関してOJT（企業内教育：on the Job Training）やOFF－JT（職場外訓練：Off the Job Traning）等で教育することは，患者満足度や経営の観点からすれば当然の取り組みといえます。

医療サービスの基本的接遇マナー・態度とは，誠意ある態度や迅速な動作・対応，感じのよい表情，言葉遣いなど対人コミュニケーションの際に必要となる基本的な技能です。医療機関の研究者を対象とした全国調査[21]では，実際

に，教授秘書や医局秘書の業務内容においてもっとも多いのが，一般的な接遇でした。とはいえ，これらは医療サービスの原点であり当たり前の業務に含まれます。それゆえに，デパートやホテルのようなホスピタリティサービスであればよい，という認識であってはならないわけです。つまり，医療サービスの原点には，良い診療と治療，看護，従事者の資質向上，そのための知識と技術の不断の向上が肝要となります[6]）。

これまでに述べた3者の視点を概観すると，事務スタッフは，病院経営者の立場に立った補佐業務，組織構成員として広範囲な知識を必要とする位置にあることが理解できます。事務スタッフは，こうした医療サービスを提供する組織的な立場にありますが，忘れてはならないのは，その一方で，個人的には医療消費者という医療サービスを受療する一人の患者（あるいは患者の家族など）にもなるという視点です。これについて富家・阿部の表現を借りると，事務スタッフは，ハーフカスタマー（半分は患者），ハーフエンプロイー（半分は職員）[7]）であり，こうした視点の意識をもった業務の遂行が要求されます。患者側の立場を意識したサービス提供，つまり医療消費者志向の観点をかね備えることで，患者のウォンツ（wants欲求⇔needs要求）に応えることに近づけます。また，質の高い医療サービス提供と，病院経営の安定化に繋がると考えられるのです。

2　医療消費者志向の基本指針

(1) 病院における消費者視点と患者満足

医療サービス提供に対する根本姿勢が崩れたとき，医療事故・医療過誤などの事件が発生します。第1章で事例を挙げた，1999年に起こった横浜市立大学医学部附属病院の患者取り違え事故や2001年に東京女子医科大学病院で起きた人工心肺装置操作ミスの医療事故およびその隠蔽事件は，医療消費者に衝撃を与えた事件です。これらの信じ難い医療ミスをきっかけに病院不祥事が明るみになったことは間違いありません。こうした医療消費者の信頼を逸するのは，

「病院組織の医療事故の隠蔽も，顧客や患者の安全（他者への配慮）よりも競争に勝つこと，利益を獲得することを優先することに正当性を与えた組織文化の所為」[8]によるものです。負の連鎖の蔓延を防止するには，病院経営の中心業務に携わる事務スタッフの価値規範が当然求められます。ほんの一握りのスタッフの些細な利己的行為，怠慢な業務姿勢により，組織の不祥事が作り上げられます。これは，消費者志向を軽視した，医療消費者へ許しがたい不利益を与えた行動にほかなりません。

昨今，病院では医療事故例が再起しないよう，患者（消費者）満足や接遇というCS（Customer Satisfaction）に注力しています。これが大義名分にならないためには，医療消費者の捉え方を患者と患者の家族を含め，地域住民までも潜在患者として意識し，医療サービスを受ける可能性のあるすべての人を対象としたサービス提供を，病院管理体制を問う視点から考える必要があります。つまり，あらゆる消費者を視野に入れたサービス提供を理念としている企業の顧客満足志向を病院に応用する考え方が求められるのではないか，というものです。本章で焦点を当てている事務スタッフにおいても同様です。病院組織における事務の立場をいかに有効に活用するかは，大きな課題の一つですが，なかなか体制整備ができない要因には，事務スタッフという職の曖昧さや，他職種の兼務でも遂行が可能な点，人件費の負担などが関連していると考えられます[9]。

本章で注目しているスタッフの機能として求められる職は，医事課や一般事務，医局秘書，医療秘書です。これらの職における医療消費者志向とは何かを具体的に探っていきます。

(2) 患者満足度の追究から迫る3つの基本指針

本項は，「医療消費者志向の基本指針」について文献や患者満足度調査の項目と結果などから考察します。満足度は，患者の価値判断と期待という最終的な決定者の事項について，提供者がそれに応えたかどうかの情報を得るものです。その結果によって，医療の質を評価する根本的な要因が抽出できるため，

事務スタッフに特化した内容を探ることができると考えます。例としては，以下のような先行研究を挙げることができます。

① 祖慶らは，「顧客の根底にある欲求を知るためには，いかに顧客とコミュニケーションをとり，満足できる，価値ある情報を提供できるかにかかっていて，そこから顧客満足が始まる。」[10]と述べています。

② 真野は，「1980年代以降，患者満足度の研究は米国を中心に蓄積（中略），多くの研究において，医療従事者と患者のコミュニケーションの重要性が指摘（中略）。『受付の態度』なども重要要因（中略）」[11]であると指摘しています。

③ 今中[12]は，患者満足度に最も重要な影響を与えるのは，医療従事者の対応や接遇，人間関係としています。

④ 患者満足度調査（日本医療機能評価機構）の「療養環境と患者サービス」の項目では，「受付・案内などの応対に配慮されている」，「案内表示・掲示が適切である」，「患者・家族の相談に応じている」，「患者の満足度調査が定期的に行われている」[13]などが組み込まれています。

⑤ 前田・徳田の調査[14]では，医療機関に何らかの不満をもっている患者412名のうち，「医療者の態度や振る舞い」49％，「待ち時間」48％，「言葉遣い」30％が医療者側に不満を表明したという結果を示しています。

従来，患者満足度調査の結果では，「待ち時間」や「建物のアメニティ」，「スタッフの接遇マナー」などの項目が満足度を高める要因として突出した結果でした。しかし，1990年頃からは「医師との良好なコミュニケーション」や「説明の明瞭化」，「十分に話を聞く態度」，「励まし」，「健康状態の主観的改善」，「技能と応対」，「巷の評判」[15]，厚労省の受療行動調査でも「医師による診療・治療内容」，「医師との対話」，「医師に診てもらっている時間」，「看護師，その他の病院職員による看護や対応」などの項目から患者満足度を測るようになっています[16]。これは一見，治療以外の表面的なサービスが重視されていた従来から，病院に掛かる本来の目的である治療や診察にかかわるサービス重

視へと移行していると考えられます。このような変化の傾向が示唆するのは，アメニティや清潔感ある空間，接遇などは，医療消費者にとっては，すでに要求どおりに受けられて当たり前のサービスという感覚にあるからではないでしょうか。現在，パターナリズムが日常であった時代が変化し，今日の不況と自立する消費者の醸成に対応するインフォームド・コンセントや患者の権利主張が病院間の競争を過激にしています。医師だけではなくすべての医療従事者が，医師の診察・治療が集中できるよう，これまで以上の強力な補佐をしなければならなくなったことに言及しています。こうした状況下にあるがために，組織構成員である事務スタッフの役割は決して小さくなく，軽視することはできません。

　以上の点をカテゴライズした結果，医療消費者志向の基本指針として提示できるキーワードは，①情報の収集・加工・発信，②医療消費者本位のサービス，③接遇（コミュニケーション）の3つです。

1）情報の収集・加工・発信

　情報の収集・加工・発信とは，疾病や投薬，診察・入院，治療費などについて医療消費者が理解できる情報の仕方で提供することです。受療者は，検査方法，治療への不満や不安，確認事項などについて，医師への遠慮から聞けないことがあります。事務スタッフには，こうした受療者の分からない，納得できていない点を補足説明すること，傾聴の姿勢をもつなどの行動が求められます。

　医療消費者への情報開示の目的は，情報を正しく知らせることにより，医療消費者が自分の治療方法や薬に対して納得いく選択・判断をしやすくすること，病気の状況を正しく認識すること，病気を予防することなどです。病院側の都合のよいことだけを知らせるのは，医療消費者に対して不利益を与える行為となります。

2）医療消費者本位のサービス

　医療消費者本位のサービスとは，病院の都合による押し付けの治療提案や，病院優先の応対や発言により，受療者が苦痛や痛みを我慢することがないようにすることです。特に，クレームや医療消費者の訴えに対しては，とかく慎重

かつ正確に聞き，迅速・確実に対応することが，「提供側の一方的なサービス」から「医療消費者が求めるサービス」の提供を創生する結果に繋がります。

3）接遇・コミュニケーション

接遇・コミュニケーションは，患者の年齢に配慮した会話の仕方や適切なコミュニケーション手法を用います。医療消費者の不満や不安を取り除き，スムーズな医療サービス提供の潤滑油として，医師や他の医療従事者と医療消費者の間に立ち問題を解決していきます。大病院の3時間待ちの3分診療は，日本の病院事情の象徴です。医療はサービス業であり，単に一方通行の治療・検査・投薬であればよいという認識ならば，コミュニケーションに齟齬が発生する恐れがあります。

上記3つの基本指針は，消費者志向優良企業等（経済産業省）で選ばれた企業等における取り組み[17]である消費者志向優良企業等表彰制度の内容からも裏付けることができます。病院として唯一受賞した川越胃腸病院（埼玉県）は，職員一人ひとりがCSマインド（患者志向の意識）をもち，平常から患者の視点に立ち現場に埋もれている患者の声を事務局へ報告する組織文化があります。よい組織文化には，医師から事務職まで組織の構成員すべてに浸透することが求められます。その文化が不適切なものであれば，構成員は知らず知らずの間に価値判断に狂いが生じる場合も考えられます。ひいては，事務スタッフの直接・間接的な医療サービス提供を介して，医療消費者へ不利益を与えかねません。

病院理念と実際の行動がすべてのスタッフに浸透しないという問題の解決策として，例えば川越胃腸病院では，消費者対応を重要な経営戦略と位置づけ，当時は「お客様相談室」，「CS経営推進室（医師1名，看護部2名，事務部3名，整備課1名）」などを設置，消費者の声を組織横断的に一元管理し，企業経営に活かしています。さらに「医療をサービス業」と捉え，患者の声を収集，対応する窓口を設けています[18]。

こうした医療消費者志向を提供し続け，安心・信頼される病院経営を創造す

るには，組織を構成するセクション内およびセクション間のコミュニケーションが機能した組織づくりが欠かせない要素になります。先の実例のように，よい組織（病院）文化が生まれれば，消費者志向意識が浸透し，組織全体の価値意識のコンセンサスを得ることができるのです。特に，事務スタッフのアウトソーシング化が進んでいることから，今後は非正規職員やパート職員までも医療消費者志向の基本指針の病院文化を行き渡らせる経営努力が課題となることはいうまでもありません。

(3) 医療消費者志向の指針を備えた事務スタッフの組織機能

　これまで述べてきたように，事務スタッフの組織における役割は，決して患者満足度の評価に直接大きな影響を与えるような業務ばかりではありません。

　例えば，患者満足度が向上する要因として，待ち時間の長さがよく取り上げられます。医療消費者が感じる快適さあるいは不快さは，それ自体が直接評価できるものです。しかし，待ち時間の長さを改善するためには，受付の円滑化，各診療科との連携，それらがうまく機能するためのシステムづくりなどがあります。ここには，事務スタッフを含めたあらゆる関係者のかかわりが存在しています。医療消費者から事務スタッフの業務を評価されるのは，医療消費者にとってサービスという無形財の特徴をもった，いわば患者満足度の評価基準として捉えにくいものが多くあります。それは，医師や看護師，事務スタッフの対応や接遇などの表面上で良し悪しを感じるものです。これらに加えて，表面的には表れない診療報酬請求の適切性，迅速な処理，医師の補佐なども含まれます。

　こうした見解を概念図にしてみると図7のような流れになります。これは，病院組織にある事務スタッフが患者満足にかかわっていることで，医療消費者志向の意識をもつべきことを提示する概念です。事務スタッフの役割すべてが，結果的に医療消費者の判断，評価となって患者満足に繋がっていくということです。事務スタッフが医療消費者志向の意識をもち，そうした行動を取ることが重要であるというここでの論考は，時代を見据えた適切な指摘であるといえ

図7 事務スタッフによる医療サービスと医療消費者志向の関係

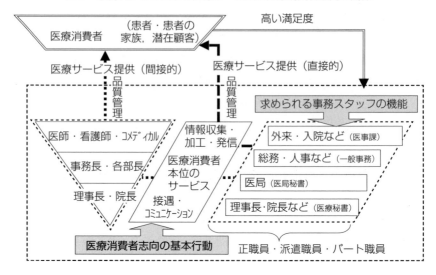

るでしょう。

　医師がよい医療サービスを提供していれば，患者は自然と集まり，保険診療によって非営利の病院経営は安泰だという認識が通用しなくなった現在，図7のように，病院が高品質の医療技術やサービスを医療消費者に提供する場合，直接的なサービスよりも，むしろ経営や医師などを介した事務スタッフによる間接的なサービス提供の方が難しいといえます。なぜなら，間接的な業務の場合は医療消費者の姿がみえないため，医療サービスを提供している感覚をもち難いからです。

3　医療従事者による「医療消費者」としての認知

　医療従事者による医療消費者の認知に関して研究されたものは，皆無に等しいです。本節では，その傾向を探った結果について述べます。

　2009年9月，医療従事者66名に対する「医療消費者意識の実際調査」[*22]では，以下のような実態がみられました。①今日初めて「医療消費者」という言葉を

聞いた69.7%（n＝66），②患者を「消費者」という意識で接したことが「ある」25.8%，「ない」74.2%（n＝66），③自分が病院にかかるとき「私は消費者だ」という意識をもったことが「ある」15.2%，「ない」84.8%（n＝66）でした。

③の回答者のうち「私は消費者である」と意識した場面（n＝10）については，「事務，スタッフの態度が悪い，冷たいとき」，「待ち時間が長いとき」，「医師の対応が悪かったとき（例えば，ホテルならばもっと丁寧に説明するだろうと思う）」，「病名などについて説明がなかったとき」，「お金を払うとき」などの回答でした。①の「医療消費者」の言葉を聞いたことがある人（n＝20）のうち，患者を「消費者」という意識で接したことがあるのは3人です。また，自分が病院にかかるとき「私は消費者である」という意識をもったことがあるのは4人と極めて少ない結果でした。

調査の母数が少ないため，参考資料程度に過ぎない結果ではありますが，医療界で「医療消費者」という言葉が定着する動きが少しずつみられるなかでも，言葉の浸透の壁はまだまだ厚いということが分かります。また，医療消費者の言葉を知っていながらも，患者や自分自身のことでさえ消費者意識を完全にもてない傾向もみられます。たとえ言葉が浸透したとしても，それが業務にどのように反映されているか，どのように反映すべきなのかが，事務スタッフ自身にも明確性はなく，困惑を感じる部分なのかもしれません。

医療消費者志向の意識をもつよう促すことは，病院における一つの社会的責任として，組織構成員である事務スタッフの役割追求とスキル強化の理解として経営者に求められる部分でもあります。では，どうすれば医療従事者に浸透させることができるのでしょうか。

医師などと違い事務系の職員は，国家資格がなく医学の専門職ではありません。そのためか，院内での立場は軽んぜられる傾向にあるようです。今日においてもその名残は払拭されているとはいえません。こうした病院組織のなかで上下関係のような古い風潮も，病院経営を担う医療消費者志向の重要性に気づけない要因といえます。今後，医療消費者志向の基本指針を生かした業務行動

の対策としては，医療現場の継続的な院内教育が必須ですが，その職に就いた後の対応では充分とはいえない点があります。

　それは，医療・医療サービス分野の教育として，「自立した医療消費者」という消費する側の立場に関する教育です。例えば，人間の生活を豊かにする基礎的な学問である消費者教育が考えられます。第5章の図6で示したように，各分野において消費者教育が導入され，自立した消費者育成のための教育機会が進みつつあります。とりわけ医療従事者をめざす人は，医療消費者側の視点のみならず，医療提供者側と両方の視点の意識を啓蒙することが重要です。医療系教育機関では，医療事務に必要な診療報酬請求や診療情報管理，医療文書や医学用語などの専門知識を叩き込んだ頭でっかちの教育に偏重してはならないのです。

　これからは，病院経営の主導となる病院長や事務長，医師を中心とする医療従事者などに，医療消費者志向の観点から助言や補佐ができる事務スタッフの人材育成が一層注目され，期待されていきます。

（注）

*21　清水昌美・今林宏典・島名正英・藤原巍・田中伸代・山本智子・田村久美・植松章子，『わが国における医療秘書職の実態調査』，p.10，川崎医療福祉大学，2009年。本報告書は，川崎医療福祉大学平成18年度医療福祉研究助成「医療秘書学の構築に関する実証的研究－医療秘書職に関する調査を中心に－」によるものである。実態調査は，研究者（『医育機関名簿2005－06』看護学科を除く医学系の臨床および基礎での医学部教授を抜粋），および管理者（病床数100床以上の医療機関，ただし精神病院を除く）を対象に実施した。調査概要は以下の通りである。調査時期は2007年3月。発送数および回答・有効率は，研究者3,441発送，回収数678，有効回答数（率）668（19.4%）で，管理者4,427発送，回収数533，有効回答数（率）522（11.8%）である。

*22　川崎医療福祉大学公開セミナー（2009年9月26日実施）において，参加者へアンケート調査（質問紙調査）を依頼した。セミナーテーマは，「医療機関従事者のためのフォローアップ－患者（医療消費者）の視点を中心に－」，講師は田村久美，参加対象は医療従事者，参加者70名の内訳は主に医事課でその他医療秘書課，医療クラーク，リハビリ，看護師であった。アンケート調査の回収数および有効回答数は66名（94.3%）である。調査は，①「医療消費者」の言葉を聞いたことがあるか（回答項目：このセミナーで初めて聞いた，聞いたことはある）の設問のみセミナー開始直前に回答してもらった。その他は，セミナー終了後に回答，調査票を回収した。

第7章
医師に求められる消費者視点

> 医療消費者にとって「よい病院」とは，診察に直接かかわる医師に対する評価値といえます。症状をきちんと聞いてくれた，納得いく治療方法であった，疑問点に的確に答えてもらったなど，評価内容はさまざまです。医療消費者も生身の人間であり，治療の最終目的が継続療養・再生・完治いずれにしても，その過程で医師に求めるものは，一般消費のニーズと同じで要望は多様です。
> 本章では，消費者視点をもつ医師とは何を意味しており，この観点がなぜ必要になるのか，その理由ついて追究していきます。

1 医師と患者の双方から捉える医療参加の必要性

　これまでは，「患者と消費者」，あるいは「医療と消費者」の関連性は皆無のように思われていました。しかし，厚生白書（1995年）で「医療はサービス業である」と認識されたことを契機にそこから一転，医療機関の医療サービス向上や患者の権利意識や消費意識が徐々に高まっています。医療機関が患者"さん"という呼称から患者"様"へと移行するなどの傾向も一時みられました。また，健康志向の風潮も相まって消費者への医療情報提供の種類や方法は拡大していきました。ただ一方で，玉石混淆しているのも事実といえます。
　その理由の一つが「患者は消費者である」という解釈の仕方にあります。本

来は，受療者一人ひとりが自身の体や治療に対して責任をもち，正しく医療や治療方法を理解することや医師任せではなく不明な点は分かるまで説明を求めるなど，一般消費を購入する際に伴う意識に近い消費者行動の意味が含まれています。この点については，第5章の表8・表9で一般消費と医療消費における消費行動の比較から明らかにしました。しかし，受療者は医療サービスもカネで買う消費者であるという理解があるため，自分の要望が全般的に聞き入れられることと勘違いし，主張を強め権利ばかりを通そうする傾向もまたみられます。いわゆる，モンスターペイシェントと呼ばれる患者の出現です。これは，この時代が生んだ象徴の一つといえます。とはいえ現実に，患者や家族が病院あるいは医療に求める期待や要望は高くなりつつあるのも事実です。

　昨今このような，特に患者が病気の治癒のために，医師を中心に医療関係者に対し共に歩む立場であってほしいと願う意思を強くもつ傾向は高まっています。病気を抱える者として，当然の感情といえるでしょう。こうした影響により，病院側によるインフォームド・コンセントの徹底など，患者の権利擁護が重要視されています。医師と患者の情報格差を補うネットを主流とした病院概要や担当医師，症例などの情報公開，患者相談窓口の設置，病気の予防と治療を目的とした患者教育など，患者ニーズに応えようとする積極的な取り組みの実態からも窺えます。これらの動向は，いわゆる患者が自分の病気に積極的にかかわれるよう喚起する環境づくりの促進です。いうなれば医療サービスを受療する側の主体性を求めた，提供側の体制的施策といえます。しかし，患者や家族が病院あるいは医療従事者に求めているのは，こうしたハード面の提供だけではありません。

　医療機関は，分かりやすい説明や相談しやすい雰囲気，関係性の構築，丁寧な対応など対人面でのサービスにも敏感に反応しています。この点に関しては，病院を医療技術や施設環境，サービスなどあらゆる視点から患者満足度向上を目的とする機能評価を一つの基準として判定していることからも，その重要性が図れます。これは，患者が自身の病気について関心をもって主体的に治療するとか，その患者に対して従事者がよりよい医療を提供するなど，あくまで患

者が医療に参加できるように一方向からみた支援となります。しかし，より安全な質の高い医療サービスを提供するには，受療者と提供者の双方の医療参加が重要であることはいうまでもありません。

本書では，医療と消費者に関する動向から，消費者視点の医療サービスについてみてきました。この視点の一つは，患者・家族，すべての人（受療者）が消費者意識をもち医療サービスを受療する必要性についてです。もう一つは，事務業務として医師と受療者間を繋ぐスタッフ（医療関係者）における消費者志向の医療サービス提供の必要性についてでした。さらに追求すべき事項として，患者が直接かかわる医師に焦点を当てた議論は，ほとんどされていません。

そこで本章では，医療に直接かかわる医師に求められる消費者視点について考えてみます。

2　医療に参加する主体

時として患者や家族の医療参加が阻止される場合があります。それは患者自身が参加しようとしない状態と，参加できない状態です。

前者は，病気や治療を理解しようとしないことや，治療が必要と知りながらその状態を放置し悪化させてしまうこと，治療が必要と知りながら積極的に受けようとしない，あるいは自ら予防をしようとしないなどです。これらは身体の状態を自覚し，病気に関する知識をもっていながらも行動に移さない場合で，患者の身勝手な意思で医療に参加していない状態といえます。

後者は，例えば，日常生活と検査や入院などの生活環境の違いに患者自身が適応できないことや，治療を受ける本人であるにもかかわらず検査や治療を受ける目的を知らされず，ただ苦痛に耐えているだけの状態，あるいは末期疾患の場合は治療の施しようがない場合などです。患者の意思は積極的に病気に向き合おうとしているが，提供者側の行動がそれに反した，あるいはやむを得ない状態にあります。

特に，後者の場合は，医師が患者に対し予防・治療を含む医療の積極的参加

を促す働きが重要となります。それにより患者や家族は，治療を受ける当人である自覚のうえに責任をもった，納得いく行動や意思決定に近づけることが可能となります。では，そもそも患者と医師の「医療参加」とは何を指しているのでしょうか。

1）患者の医療参加

患者にとっての医療参加とは，患者や家族が罹病や治療方法などに対して自身が向き合う努力や行動を取ることです。患者には，専門的援助を受けるという権利がある一方で，回復義務もあります[1]。回復義務とはつまり，病気の予防や治療の方法について知ろうとすることや，医師や看護師からの説明を聞き納得したうえで意思決定をすること，薬剤師の指示に従い正しく服用治療や処置をすること，また生活習慣や食事改善，リハビリを正しく実行するなどが考えられます。治そうという意識やそれに伴う行動を取るのは患者自身であるため，たとえよい医療を受けたとしても，患者の努力次第では治療の結果を左右するケースを含んでいることが十分考えられるのです。

こうした視点は，いわゆる消費者の権利と責任を基本とした患者の権利と責任（表10）の範疇に当たります。したがって，患者は医師へのおまかせ体質を改め，権利と責任を理解した医療参加が求められます。

表10　患者の権利と責任

患者の権利	患者の責任
1　良質の医療を受ける権利 2　選択の自由の権利 3　自己決定の権利 4　意識のない患者 　　（患者が意識がないか，あるいは自分の意思を表すことができない場合，法律上の権限を有する代理人から，可能な限りインフォームド・コンセントを得なければならない） 5　法的無能力の患者 　　（患者が，未成年者あるいは法的無能力者であり，法的な問題に関わる場合に	1　批判的意識をもつ責任 　　（医療サービスの内容，質，費用をしっかり見つめ，批評眼をもつ責任） 2　参加して行動する責任 　　（医療に参加し，適正な医療を受けられるよう自己主張＝行動する責任） 3　社会に配慮する責任 　　（医療の受益者としての自らの行動が他者に及ぼす影響を自覚する責任） 4　環境に配慮する責任 　　（医療の受益者としての自らの行動が環境に及ぼす影響を理解する責任）

は，法律上の権限を有する代理人の同意が必要である） 6　患者の意思に反する処置 　（患者の意思に反する診断上の処置あるいは治療は，特別に法律が認めるか，医の倫理の諸原則に合致する場合にのみ，例外的に行うことができる） 7　情報に対する権利 8　守秘義務に対する権利 9　健康教育を受ける権利 10　尊厳に対する権利 11　宗教的支援を受ける権利	5　団結＝連帯する責任 　（弱者としての患者の立場の理解＝擁護を求めて団結し，連帯する責任）

注：患者の権利は，日本医学ジャーナリスト協会編，「患者の権利に関するWMAリスボン宣言（1981年採択，1995年改定）」（世界医師会）『患者の権利宣言と医療職の倫理綱領集－日英文対照－』，pp.7－19，興仁舎，2003年。また，1973年アメリカ病院協会が制定した患者の権利章典や1991年日本生活協同組合連合会医療部会制定の患者の権利章典など多くが発表されている。患者の責任は，「医療消費者ネットワークMECON」http://www.geocities.jp/meconett/index.htm より抜粋

２）医師の医療参加

　医師による医療参加とは，病院を母体とした医師が，患者が医療に参加できるよう最大限の支援をすることです。

　医師は，医療という専門的能力と技術をもっている存在ですが，それを個人的あるいは社会的属性により，患者を区別したり差別することがあってはなりません。また，一方的な医療ではなく患者と共通した病気の治癒に対する意向をもつといった役割もあります。例えば，適切な情報や分かりやすい情報提供をもとに患者が意思決定できるようアドバイスをすることや，医療は一つの対人コミュニケーションでもあるため，患者や家族との信頼関係を構築することです。説明義務と選択の自由を保障すること，医療ミスやトラブルを防止し患者の安全確保に努めるなどの努力が求められるのです。これらは提供者側である医師による患者への社会的責任にほかなりません。したがって，医師も患者の権利と責任，特に権利については理解しておく必要があります。

しかしながら，受療行動調査（2005年）で外来および入院における医療安全について聞いたところ，「不安になることはなかった」という受療者の回答が6割前後を示したものの，2割前後は「不安になった」と回答しています。そのなかで高い割合を示したのは，「医師等の対応」44.2％（外来），44.4％（入院），「検査や治療行為」34.3％（外来），34.4％（入院）です[2]。数値上は，さほど患者の医師や医療に対する不安は大きくないように思えますが，こうした不安の積み重ねや患者に不信感を与える医療行為などが，医療事故という大きな問題に繋がっていると考えられます。

　また，医療事故件数の実態（表11）をみると増加傾向にあり，2013年には2,610件と前年度比103％の結果となっています。

表11　医療事故件数と事故の程度

年		2005	2006	2007	2008	2009	2010	2011	2012	2013
医療事故（件）		1,114	1,296	1,266	1,440	1,895	2,182	2,799	2,535	2,610
障害残存の可能性	低い（％）	53.3	56.4	44.2	30.7	29.7	24.7	26.7	27.5	27.5
	高い（％）	14.3	15.5	12.9	10.0	9.8	10.0	10.2	11.8	9.0
死亡（％）		12.8	11.7	11.2	8.0	8.2	8.4	5.9	7.1	8.2

出所：日本医療機能評価機構「医療事故情報等事業平成17～25年度年報」データから作成

　事故を起こした当事者の職種でもっとも多いのが看護師と医師であり，他の職種を含めた全体の約半数を占めています。同年の医療事故の程度は，「障害残存の可能性（低い）」27.5％，「障害残存の可能性がある（高い）」9.0％，「死亡」8.2％でした。2005年以降の傾向をみると，「障害残存の可能性がある（低い）」は減少していますが，他の2つについてはおおかた横ばいで大きな減少はみられません。こうした事故の発生要因は主として「確認を怠った」，「観察を怠った」，「判断を誤った」が全体の約1割を占め，毎年同じような結

果がみられます3)。

　ただ，こうしたデータの数値が上昇した主な要因が，医療の危険性の高まりからきていると判断するのは単純であり，あまり適切な見方ではありません。医療問題の増加に伴い，患者の医療に対する意識が変化しているという見方もできるはずです。換言すれば，医療に関心をもつようになったことで，患者の権利意識の浸透が深く関連している可能性があります。

　このように患者と医師の双方による医療参加への促しは，患者の主体的参加と安全で質の高い医療提供という現代ニーズに必要不可欠な機能であることが分かります。しかし，こうした医療参加が整えば，安全が保障された質の高い医療が機能するのか，といえばそれでは十分とはいえません。なぜなら，医師の医療参加とは，あくまで医療者側に立ったサービス提供という概念でしかないからです。患者主体の医療に近づけるには，医療サービスを受療する患者の消費者視点が重要な一観点であり，医師は"消費者視点"という患者側に立った意識をもつことが重要なのです。

　したがって，患者側の努力義務だけの医療参加ではなく，また医師側の努力義務だけでもない，医師が（もちろん看護師などのコメディカルも）患者を医の原点である「一人の人間として診る」といった医療人の本来の社会的責任が加味されなければならないのです。

3　人間尊重を基調とした医師の医療参加

(1)　医師に求められる真の患者理解

　医師が患者側に立った治療を施すというのは，患者側からすれば当然の見方であり，常に医師はそうした意識を前提にもつべきと考えられています。もちろん多くの医師は，患者第一の治療をチーム医療という体制で最善を尽くしています。本書で述べようとしているのは，医師への批判ではなく，あくまで医療サービスが対価を払う一契約であるという捉え方（消費者志向）が強調される時代背景からアプローチすることが目的です。したがって，一般消費でいう

生産と消費を，医療を施すという行為を軸とした場合，これは提供者（医師）と受療者（患者）の関係に置き換えられます。このどちらもがその根本には，同じ人間というベースがあり，生活のなかで一人ひとりの権利が尊重され，擁護されているはずです。特に，生命にかかわる医療に関して人間であることの理解について患者は，医師に対しては自明の理として強く求めている部分でもあります。

　ところが，近年の相次ぐ医療事故や医療トラブルにより医療関係者などからは，医師の資質低下に警鐘を鳴らす声や医学教育のあり方について議論の必要性が求められています。とりわけ，資質と医療技術の向上よりも医師と患者との関係性による部分の方が重要と考えます。

　医師の患者への接し方は，パターナリズム志向が強かった伝統を顧みれば推察できます。1980年代の文献では「日本の医学教育のなかで欠けている最大のものは態度教育」4）とされています。2009年になっても「医学生達は，入学当初よりも，学年が進むにつれてだんだんと新鮮な気持ちがなくなっていく傾向があり，医師（professional）となる過程で，医療の消費者である患者や家族という一般市民の感覚が薄れていくことが多いのではないか」5）と指摘されており，こうした文献数は決して少なくありません。

　患者が人間であることを忘れがちになっている点を警告する文献も多く散見されます。

① 「(患者を)人間を部分としてでなく全体として，生物としてでなく社会生活をいとなむ人間としてみてゆく。」6）

② 「治療に伴う患者の利益や損失は，あくまで患者自らの意思や価値観に基づいて決定すべきであり，医師はそれを尊重する責任がある。」7）

③ 「医学教育では，疾病の理解の教育には力が注がれているが，患者を人として包括的に理解すること，患者と共感することの重要性（中略）。」8）

④ 「患者と医療担当者は同じコミュニティーの居住同士であり，患者さんに対して，同じ目線で接し，同じ責任を負いながら～。」9）

⑤ 「患者の社会的な背景や精神的な背景なども考慮し，一人の人間として

診ることが患者との関わり方の基本。」10)（下線は筆者）などです。

　本書では一部の紹介に留めますが，特に医療社会学の文献には患者を人間あるいは生活者の視点で述べられています。これらの記述からは，医療は人間を直接相手にしてそれをよりよく生かせるという使命をもっており，それに従事する医師は同じ人間である患者に接しているため敢えて強調し続けなければならない，というような表現がされています。

　このように医師にとって患者とは，疾患を治療する対象となる人というだけの概念ではありません。身体の再建部分を何らかの治療方法により，もとの生活状態に戻す，あるいは近づける目的があるのです。上記のような患者を人間，生活者と捉えた文言が意味するのは，患者という呼称以上に，本来の人間らしい生活の質を取り戻すために，安全な医療を受けることができる権利をもった存在が患者である，という理解の必要性が強く示唆されているといえます。

　患者を人間あるいは生活者として捉えた医療サービス提供の考え方は，医師として常に忘れることがあってはならないものです。しかし時に，「人間」という視点の希薄化が誘因となり，医療事故をはじめ，医療人の立場を悪用した犯罪，診療報酬詐欺や医師免許証の偽造の不正行為，患者への暴言や人権侵害といったドクターハラスメントなどを引き起こします。その結果，先述した医療事故件数の増加により，医療関係訴訟件数の推移が高まっている結果も推測できます。訴訟件数は，1996年頃を境に急速に増加し，2003年と2004年はそれぞれ1,003件と1,110件で1,000件を超えました。その後，多少の減少傾向がみられますが，2004年〜2013年までの平均審理期間は25.0か月と長期歳月が強いられています11)。消費生活相談（PIO－NET）では，2004年度約192万件をピークにその後は大きく減少しましたが，2013年度は約93.5万件で9年ぶりに増加しました。医療サービスに関する相談件数においては，2005年以降5年間にわたり増加しており，2009年には10,756件と過去最高となりました。2010年は6,131件と減少したものの，その後はまた増加しており，2014年は7,995件です。相談内容には，「病院でリウマチの新薬を注射したところ副作用が出た。

こんなに強い薬だと知らなく予定外の薬を注射されたので，糾弾したい」や「医師の処方箋を調剤薬局に渡したが，不要な薬だったので受け取らず帰った。薬局から代金を払うよう請求されたが払いたくない」など，従来から相談が多い美容整形以外も増加しています。

　トラブルや被害数の分だけ患者の身体に苦しみや生活に大打撃を与えていることになります。被害内容によっては，解決までに長い月日を要していることも想像に難くなく，非常に深刻な問題です。それゆえに医療は，患者の生活環境や背景，そのQOLも含めた治療を提供することが求められています。したがって，患者や家族の生活，生命を対象としているからこそ，受療者のバックボーンを配慮した消費者志向の医療提供が要求されるのです。

(2)　医師に求められる消費者参加

　医療に関する消費者の視点には，例えば1973年「サービスに関する消費者保護について」（第4次国民生活審議会答申）[12]があります。第2部業種別の消費者保護施設，第5章医療サービスでは，「(前文略) 医療の質の向上を含めた医療体制の整備は，環境の保全整備，安全確保などとともに，現下の国民の最大の要求」であるとし，国民である患者の安全性を前提としています。続けて「医療を受ける者の立場，いわば消費者の立場から，医療サービスのあり方を考える」場合，サービス体制の整備や生命の損害に対する救済，消費者の意向を尊重される体制整備などが講じられるべきとあります。この段階で，もはやパターナリズムの古い関係性は排除され，患者と医師間それぞれの医療参加の重要性を説いているのです。

　医療に関する消費者参加および消費者教育の推進（同章の4）には，「医療は，医療を受ける者の健康の維持増進を目的とするものである以上，医療のあり方に関して，医療を提供する者と並んでむしろそれ以上に医療を受ける者すなわち消費者の立場からの意見が尊重されなければならない。」とし，患者と医師ともに消費者志向であるべきという観点で述べられています。1973年というまだ，患者（医療）と消費者の接合点が不鮮明であろう当時にしては，断定

的かつ強調的な公文といえます。しかし，誰が消費者志向であるべきなのかについては，「広く医療を提供する者」という表現に留まっており個別性はありません。

時代は流れ2009年,「21世紀医療フォーラム『医師の育成』−今，医師の育成に何が必要か−」13)の研究部会のなかでは，消費者である患者に対応するのは「医師」と主語を明確にしたところで，要所要所に次のように述べられています。例えば「医療消費者の意見に耳を傾けることも必要」，「(前文略) 人間味のある，市民・患者（消費者）としての目線を持った医師になって，患者に接して」，「消費者の視点から医療を学ぶ」（下線は筆者）などの記載があります。併せて，こうした医師育成および医学教育のあり方についての議論が喫緊の課題であるとも指摘されていました。

こうした動向から，より安全で質の高い医療を現実化するには，これまでの患者と医師それぞれ（2つの歯車による機能）の立場における医療参加だけではなく，従事者である医師自身が患者と同じ消費者の立場で医療に参加する，というもう一つの歯車が重要になると考えられます（図8）。患者のために医

図8　医師の消費者参加によって，より安全と質の高い医療提供が可能となるイメージ

師が医療参加を促進あるいは相互参加で治療に携わる起動となるのが，患者になるうるすべての従事者も医療サービスを受療する消費者として，医療参加の一機能に加わるものなのです。医師の消費者参加の権利意識には，表12のような内容が考えられます。

表12　医師の消費者参加の権利意識

安全を求める権利意識	・患者の健康と安全を守り，かつ医師自身も守られる。 ・医療における安全性への配慮ができ，危機管理のための意識をもった行動がとれる。
医療消費者である意識	・治療・医療サービスを受ける（消費する）ことにより，患者の生命や生活を守り，かつ医師自身も守られる。 ・専門職として崇高な人間愛と倫理性に溢れた献身的な意識をもち，またその行動がとれる。
医療情報を提供する権利意識	・医療に関するトラブルや被害状況，訴訟問題の現状を知り，それを防止する。 ・患者やその家族の要望，プライバシー，人権（意思決定権）を尊重する。
医療にかかわる消費者教育を受ける権利意識	・生活者の基礎知識として，生涯教育を受けられる。 ・人間と医学，社会，倫理領域として医療と消費者との関連知識を学ぶ機会が受けられる。

4　医師のための医療に関する消費者教育

「医師が医療に参加する」ことについて本章では，医師は医療に従事する前に命ある人間であり，同じ生命ある患者に対して消費者という主眼を強くもつ存在である，という見解を示してきました。この見解には，医師の消費者志向意識とそれに伴う行動を取ることの重要性が包含されています。つまり，医療消費者志向のサービスを提供することが，医師の医療参加となります。

一般消費で考えた場合，サービス提供者が消費者の権利を知り理解しているならば，提供者主体ではなく消費者主体のサービスを提供します。それと同様に，医療サービスの場合，患者の権利（患者の権利憲章）を理解している医師は，患者本人の権利と義務を知ろうとするため，患者を理解したよりよい医療

サービスを提供しようとするはずです。それは患者（消費者）の権利，すなわち相手は意思決定する人間であることを理解しようとすることにほかなりません。そして近年，患者を一人の人間としてみることのできる医師養成や，社会がそうした医療者への教育をサポートする必要性を一層求めている時代が再来しています。こうした動向から，人間を土台とする教育として医療に関する教育が欠かせない分野の一つになることを示唆しているのではないでしょうか。

　もちろん医師が患者の立場に立った医療提供の必要性は，長年かかっても完全に浸透することはないほど医学は特異性・専門性の強い領域かもしれません。それだけ難しく重い課題であることは十分周知するところです。その解決に近づける糸口として，医師の消費者参加を醸成する消費者教育があります。消費者教育は，消費者自らの生命を護る力を身につける目的であり，研究としては異論ない点と考えます。医療に関する消費者教育の使命とは，まず，医療サービスを受療する側と提供する側の両面からみる，消費者志向と消費者主義といった考え方の理解を求めることから始まります。これを基盤としたうえで，消費者である患者の生命や身体を，医療にかかわる外的な不利益や，安全を脅かす危険から護る。生活環境や生活の質向上を醸成できるようにするために，医師が患者の基本的人権や権利と責任，医療安全，医療情報開示などを意識し，そのサービス提供の実現に繋げていくことが重要です。

第8章
医療消費者の権利と責任とは

> 最終章では，医療消費者（患者や病院にかかる可能性のあるすべての人）が消費者志向の意識をもち，医療参加のできる行動について考えていきます。
> 医療サービスは契約であり，受療者自らが消費意識を高め，納得のいく治療を受け，消費トラブルなどを回避する力が一層求められます。その力とは何かを検討するうえで基軸となるのが，消費者の権利と責任論です。
> ここでは，患者の権利と責任行動の内容を探究しながら，「医療消費者の権利と責任」の具体的な行動指針について検討します。また，医療消費者志向に基づく病院経営および医療事務職の意識と行動も提示します。

1　医療安全のための患者参加

　安全とは，心身や物品に危害がない状態であり，すべての人々にとって生きるうえで最も基本的かつ不可欠な要件です。安全を確保するためには，さまざまな事故や災害が防止され，万一，事件・事故・災害等が発生した場合でも，被害を最小限にするための適切な対処が迅速に行われる必要があります[1]。そして私たち消費者は，生活のなかで常に安全性を求めた商品やサービスが提供されることを願っています。
　前章までにみてきたように，消費者は商品やサービスの安全追求をめぐる問

題に対して、消費者運動という形で立ち上がり闘ってきました。とりわけ、唯一医療の安全性については高い信頼性を得ており、医療事故は無縁のものという風潮がありました。1960年以降、わが国の死因に占める割合として高くなった生活習慣病は、慢性疾患として長期間、患者の生活に影響を及ぼすようになっていきます。医師と患者とがかかわる頻度の高まり、人間関係にも変化が生じています。そのなかで、患者やその家族の不安や不満を抱かせる事象が増加し、患者の人権運動へと発展しました。こうした変遷は、消費者運動などを背景として時代に歴史を残したといえます。

病気の長期化や医療従事者と患者間のコミュニケーションは、時流のなかで更に変化していきます。それが、「医療は安全である」という神話を揺るがした事態を起こした、横浜市立大学附属病院（1999年）の患者取り違え事件です。これまでの医療に対する期待と信頼は、その後も頻発した医療事故により崩れたといわれています。医療事故の増加とそれに伴う医療不信の増大は、患者だけではなく患者になりうるすべての人にとって重要な問題と認識されていきました。これが契機となり、わが国の医療安全対策が本格的に取り組まれ始めたという背景があります。一般市民が不安に陥ったことで昨今、安心・安全の追求は単に医療界だけの問題ではなく、社会の強い要請であり、早急に対処すべき課題へと強く認識されていったといえます。

本章で焦点化している「医療安全」の定義に関する先行研究を散見すると、明確に示したものはあまり見当たりません。例えば、医療安全には、患者、医療従事者、医療関係者、地域、不特定多数の5つの観点があります。第一は、患者の安全を守ることが第一ですが、それを確保するために医療従事者による安全確保が重要、という解釈があります[2]。また、関連文献をレビューすると、医療事故やエラーを防止し、患者にとって安心できる医療を提供するために、患者の生命や身体に危険を及ぼさないよう理解すること[3]、とあります。関連用語である医療安全管理は、医療事故を未然に防止できるよう病院本体、あるいは各部署内での管理システムの構築です。厚労省施策の「安全な医療を提供するための10の要点」（2001年）には、医療従事者が医療にかかわる際の留

意点などが盛り込まれています。つまり，医療安全とは従事者側に重点が置かれ，医療に従事する際の注意喚起およびその取り組み概念を示したものと解釈できます。

　しかし，医療従事者側だけが医療安全に留意すべきことではありません。先に述べたように，医療事故などの頻発を契機に患者の権利意識は高まっています。医者まかせの医療から自身が受ける医療や治療，服薬に関心をもち，それについて詳しく知りたい，理解するまであるいは納得するまで情報提供を求め，情報収集をするという患者意識へと変化しつつあります[4]。これは患者の医療参加へと繋がる行動です。近年このような積極的な患者の医療参加は，医療の安全性を確保するうえで重要な観点であるという指摘がされていることが概観できます[5]。

　すなわち，患者がよりよい医療サービスを求める権利だけを主張するのではなく，そこには責務を引き受ける意識も発生するわけです。医療は完全なもの，受診すれば病気は必ず快復に向かい，完治するものではありません。医療の不確実性を理解し，情報を得て，不確かなメディアの情報に翻弄されずに消費者自身で意思決定できる認識をもつ。これは今後，医療安全の領域において消費者に求められる課題となります。

　本書の最終章では，消費者と医療との接点である患者の権利と責任を内容別に整理し，医療安全に繋がる「医療消費者の権利と責任」の指針を探究していきます。

2　各機関等が提示する「患者の権利と責任」の内容

(1) 支援団体などによる内容
1）患者の権利
　患者の権利を最初に提起したのは，「患者の権利に関するWMA（World Medical Association：世界医師会）リスボン宣言（1981年）」（世界医師会）[6]です（表13）。

その他，日本生活協同組合連合会医療部が1991年に制定するなど[7]，さまざまな機関で明示されており，消費者の権利を医療の領域でも捉える必要性が示唆されます。

表13 患者の権利に関するWMAリシボン宣言

序文
医師，患者およびより広い意味での社会との関係は，近年著しく変化してきた。医師は，常に自らの良心に従い，また常に患者の最善の利益のために行動すべきであると同時に，それと同等の努力を患者の自律性と正義を保証するために払わねばならない。以下に掲げる宣言は，医師が是認し推進する患者の主要な権利のいくつかを述べたものである。医師および医療従事者，または医療組織は，この権利を認識し，擁護していくうえで共同の責任を担っている。法律，政府の措置，あるいは他のいかなる行政や慣例であろうとも，患者の権利を否定する場合には，医師はこの権利を保障ないし回復させる適切な手段を講じるべきである。

原則
1．良質の医療を受ける権利
a．すべての人は，差別なしに適切な医療を受ける権利を有する。
b．すべての患者は，いかなる外部干渉も受けずに自由に臨床上および倫理上の判断を行うことを認識している医師から治療を受ける権利を有する。
c．患者は，常にその最善の利益に即して治療を受けるものとする。患者が受ける治療は，一般的に受け入れられた医学的原則に沿って行われるものとする。
d．質の保証は，常に医療のひとつの要素でなければならない。特に医師は，医療の質の擁護者たる責任を担うべきである。
e．供給を限られた特定の治療に関して，それを必要とする患者間で選定を行わなければならない場合は，そのような患者はすべて治療を受けるための公平な選択手続きを受ける権利がある。その選択は，医学的基準に基づき，かつ差別なく行われなければならない。
f．患者は，医療を継続して受ける権利を有する。医師は，医学的に必要とされる治療を行うにあたり，同じ患者の治療にあたっている他の医療提供者と協力する責務を有する。医師は，現在と異なる治療を行うために患者に対して適切な援助と十分な機会を与えることができないならば，今までの治療が医学的に引き続き必要とされる限り，患者の治療を中断してはならない。

2．選択の自由の権利
a．患者は，民間，公的部門を問わず，担当の医師，病院，あるいは保健サービス機関を自由に選択し，また変更する権利を有する。
b．患者はいかなる治療段階においても，他の医師の意見を求める権利を有する。

3．自己決定の権利
a．患者は，自分自身に関わる自由な決定を行うための自己決定の権利を有する。医

師は，患者に対してその決定のもたらす結果を知らせるものとする。
b．精神的に判断能力のある成人患者は，いかなる診断上の手続きないし治療に対しても，同意を与えるかまたは差し控える権利を有する。患者は自分自身の決定を行ううえで必要とされる情報を得る権利を有する。患者は，検査ないし治療の目的，その結果が意味すること，そして同意を差し控えることの意味について明確に理解するべきである。
c．患者は医学研究あるいは医学教育に参加することを拒絶する権利を有する。

4．意識のない患者
a．患者が意識不明かその他の理由で意思を表明できない場合は，法律上の権限を有する代理人から，可能な限りインフォームド・コンセントを得なければならない。
b．法律上の権限を有する代理人がおらず，患者に対する医学的侵襲が緊急に必要とされる場合は，患者の同意があるものと推定する。ただし，その患者の事前の確固たる意思表示あるいは信念に基づいて，その状況における医学的侵襲に対し同意を拒絶することが明白かつ疑いのない場合を除く。
c．しかしながら，医師は自殺企図により意識を失っている患者の生命を救うよう常に努力すべきである。

5．法的無能力の患者
a．患者が未成年者あるいは法的無能力者の場合，法域によっては，法律上の権限を有する代理人の同意が必要とされる。それでもなお，患者の能力が許す限り，患者は意思決定に関与しなければならない。
b．法的無能力の患者が合理的な判断をしうる場合，その意思決定は尊重されねばならず，かつ患者は法律上の権限を有する代理人に対する情報の開示を禁止する権利を有する。
c．患者の代理人で法律上の権限を有する者，あるいは患者から権限を与えられた者が，医師の立場から見て，患者の最善の利益となる治療を禁止する場合，医師はその決定に対して，関係する法的あるいはその他慣例に基づき，異議を申し立てるべきである。救急を要する場合，医師は患者の最善の利益に即して行動することを要する。

6．患者の意思に反する処置
患者の意思に反する診断上の処置あるいは治療は，特別に法律が認めるか医の倫理の諸原則に合致する場合には，例外的な事例としてのみ行うことができる。

7．情報に対する権利
a．患者は，いかなる医療上の記録であろうと，そこに記載されている自己の情報を受ける権利を有し，また症状についての医学的事実を含む健康状態に関して十分な説明を受ける権利を有する。しかしながら，患者の記録に含まれる第三者についての機密情報は，その者の同意なくしては患者に与えてはならない。
b．例外的に，情報が患者自身の生命あるいは健康に著しい危険をもたらす恐れがあると信ずるべき十分な理由がある場合は，その情報を患者に対して与えなくともよ

い。
c．情報は，その患者の文化に適した方法で，かつ患者が理解できる方法で与えられなければならない。
d．患者は，他人の生命の保護に必要とされていない場合に限り，その明確な要求に基づき情報を知らされない権利を有する。
e．患者は，必要があれば自分に代わって情報を受ける人を選択する権利を有する。

8．守秘義務に対する権利
a．患者の健康状態，症状，診断，予後および治療について個人を特定しうるあらゆる情報，ならびにその他個人のすべての情報は，患者の死後も秘密が守られなければならない。ただし，患者の子孫には，自らの健康上のリスクに関わる情報を得る権利もありうる。
b．秘密情報は，患者が明確な同意を与えるか，あるいは法律に明確に規定されている場合に限り開示することができる。情報は，患者が明らかに同意を与えていない場合は，厳密に「知る必要性」に基づいてのみ，他の医療提供者に開示することができる。
c．個人を特定しうるあらゆる患者のデータは保護されねばならない。データの保護のために，その保管形態は適切になされなければならない。個人を特定しうるデータが導き出せるようなその人の人体を形成する物質も同様に保護されねばならない。

9．健康教育を受ける権利
　すべての人は，個人の健康と保健サービスの利用について，情報を与えられたうえでの選択が可能となるような健康教育を受ける権利がある。この教育には，健康的なライフスタイルや，疾病の予防および早期発見についての手法に関する情報が含まれていなければならない。健康に対するすべての人の自己責任が強調されるべきである。医師は教育的努力に積極的に関わっていく義務がある。

10．尊厳に対する権利
a．患者は，その文化および価値観を尊重されるように，その尊厳とプライバシーを守る権利は，医療と医学教育の場において常に尊重されるものとする。
b．患者は，最新の医学知識に基づき苦痛を緩和される権利を有する。
c．患者は，人間的な終末期ケアを受ける権利を有し，またできる限り尊厳を保ち，かつ安楽に死を迎えるためのあらゆる可能な助力を与えられる権利を有する。

11．宗教的支援に対する権利
　患者は，信仰する宗教の聖職者による支援を含む，精神的，道徳的慰問を受けるか受けないかを決める権利を有する。

2) 患者の責任

　患者を消費者視点で捉える，という見方で早い段階から取り組んでいる団体の一つに，医療消費者ネットワークMECON（以下，メコン）があります。メコンは，1993年から「医療に消費者の観点」を発信し続けている先駆的な組織です。メコンが主張する患者の責任は，消費者の5つの責任の内容を応用しています。それが前章の表10で記した内容です。

　また，NPO法人ささえあい医療人権センターCOMLでは，「新・医療にかかわる10箇条」[8]を提言しています。これは，患者への注意喚起であり，よりよい医療サービスを受けるために，まず私たち患者自身も10つの基本行動を心掛けましょうというものです。内容は，①伝えたいことはメモして準備，②対話の始まりはあいさつから，③よりよい関係づくりはあなたにも責任が，④自覚症状と病歴はあなたの伝える大切な情報，⑤これからの見通しを聞きましょう，⑥その後の変化も伝える努力を，⑦大事なことはメモをとって確認，⑧納得できないときは何度でも質問を，⑨医療にも不確実なことや限界がある，⑩治療方法を決めるのはあなた，です。

　その他，患者が医療機関にかかる場合の心構えを明記している広島市医療安全支援センターでは，①保険証・公費受給者証を準備し，医療機関に必ず提示する，②問診票には，具体的に記載する，③詳しく症状を伝える，④医療にも不確実なことや限界があることを理解する，⑤薬を受け取る際には，どんな薬かよく確認する，⑥領収書を受け取ったら，医療費の内訳を確認する[9]など，より具体的な行動が示されているものもあります。医療サービストラブルの回避だけではなく，医療消費者として意識や行動の必要性を喚起しています。

(2) 医療機関側が提示する患者の権利と責任の内容

　患者の権利をホームページで公表する医療機関が増えています。さらに近年，医療はサービス業であるとの認識が徐々に定着し始めています。その後は，患者の責任についても権利と並行して明確に掲載されるようになりました。医療サービス提供者が求める患者の責任範囲が時代変化とともに，より具体的な要

求へと移行されつつあることが推察できます。

　ここでは，医療機関が求める「患者の権利と責任」内容と特徴を整理してみます。検索方法は，「患者の権利と責任」をキーワードとし，検索エンジンを利用，2011年6月8日時点で掲載されていたすべての内容を基礎データとしました。その結果，検索件数は61件（医療機関数）です。集計方法は，検索した権利と責任のすべての内容を，基本的には加工せずにMicrosoft Excelへそのまま入力します。ただし，一文に二つ以上の内容がある場合は類似した内容ごとに分解，入力しました。その結果，患者の権利は745件，患者の責任は157件が抽出されました。

① **内容別による分類**

　検索結果の内容を件数の多い順に整列すると，表14（患者の権利）と表15（患者の責任）の内容順となります。

表14　医療機関ホームページに掲載される「患者の権利」内容

順位	「患者の権利」内容	件数
1	十分な情報提供（病名，症状，治療内容，回復の可能性，検査内容，及び危険性について説明を受けるなど）	153
2	自己決定（治療方法などを自らの意思で選択するなど）	141
3	良質で適切かつ安全な医療を公平に受ける	104
4	個人情報の保護	69
5	治療（医療行為）を拒否する	54
6	診療録の開示	40
7	生命・身体・人格・価値観などが尊重される	35
8	医療機関（医師）を選択する	23
9	治療に要した費用（医療費）について説明を受ける	23
10	薬の効果とその副作用などに関して説明を受ける	11
その他	私的なことに干渉されない，治療内容などを知らないでいるなど	－

　患者の権利の内容で特に突出しているのは，上位3位の内容です。「十分な情報提供（病名，症状，治療内容，回復の可能性，検査内容，及び危険性について説明を受けるなど）」，「自己決定（治療方法などを自らの意思で選択する

第8章　医療消費者の権利と責任とは

表15　医療機関ホームページに掲載される「患者の責任」内容

順位	「患者の責任」内容	件数
1	医療関係者とともに協力し医療に参加する	35
2	他の患者に迷惑行為及び診療を妨げる行為をしない	27
3	自身の健康に関する情報をできるだけ正確に提供する	24
4	病院の規則を守る	18
5	指示された家庭療法を確実におこなう	16
その他	・治療費の支払いを滞りなくする	8
	・治療方針や診療方針などをよく理解する	8
	・治療計画の変更を希望する場合はスタッフへ伝える	5
	・医療従事者とともに力を合わせ権利を守り発展させる	3
	・予約した時間を守る	2

など)」,「良質で適切かつ安全な医療を公平に受ける」,これらはCI(国際消費者機構)が提言する消費者の権利の「情報を受ける・安全・選択する・救済を受ける権利」にも含まれています。「生命・身体・人格・価値観などが尊重される」も,CIの「基本的権利」に該当しています。

患者の責任内容を,CIの消費者の責任と比較してみます。「医療関係者とともに協力し医療に参加する」は,「社会的関心をもつ責任」に該当します。同じようにみると,「他の患者に迷惑行為及び診療を妨げる行為をしない」や「自身の健康に関する情報をできるだけ正確に提供する」,「病院の規則を守る」,「指示された家庭療法を確実におこなう」,「治療費の支払いを滞りなくする」などは,「行動する責任」を指しています。「医療従事者とともに力を合わせ権利を守り発展させる」は,「連帯する責任」にそれぞれ置き換えることができます。

② テキストマイニングによる出現頻出語の分析

患者の権利と責任内容のなかで,出現頻度の高いカテゴリを探り,①内容別に分類した分析とは異なった方法として,より細分化したキーワードを探索することを目的として検討してみます。

方法は,①で行った医療機関のホームページに掲載されている患者の権利と

責任内容の基礎データを利用します。キーワードの類義語を整理し，その後にテキストマイニングを行いました。結果は，表16（患者の権利）と表17（患者の責任）の通りで，それぞれ上位15位（権利は全141カテゴリ，責任は全46カテゴリ）を表示しています。

患者の権利は，「意思決定」57回が最多で，次いで「説明」52回です。「意思決定」は，「医療内容の選択」22回と類似性のあるカテゴリです。病院や医師と，その他治療方針や検査については，医療従事者からの説明および情報を受けながら，最終的には自身で選択する権利があります。

「説明」は自分の病気や治療，検査など医療に関する情報の説明を受ける権利をもつ

表16 「患者の権利」出現頻出語

順位	頻出語	出現回数
1	意思決定	57
2	説明	52
3	良質な医療	40
4	適切な医療	40
5	治療の拒否	38
6	危険性についての説明	38
7	公平な医療	37
8	プライバシー保護	36
9	十分な説明	36
10	個人情報の保護	35
11	診療記録の開示	33
12	平等な医療	32
13	セカンドオピニオン	30
14	最善の医療	26
15	医療内容の選択	22

という意味です。「危険性についての説明」と「十分な説明」は，類似であると捉えることができますが，これは患者自身が納得あるいは理解できるまで説明を受ける権利がある，という含みがあります。つまり，患者は意思決定できるだけの情報を，消費者として知る必要がある点が重視されています。「良質な医療」，「適切な医療」，「公平な医療」，「平等な医療」，「最善の医療」は，出現回数に多少の差がありますが，患者の生命を維持，救済のために第一条件となる権利に繋がるカテゴリとして上位に位置しています。

患者の責任は，「医療に参加」29回が最多です。次いで，「他の患者に支障を与えない」28回，「医療関係者と共同」24回と続きます。特に，患者の医療参加が強調される時代背景もあり，「医療に参加」，「医療関係者と共同」，「自己の健康状態の情報を提供」22回，「医療に協力」19回，「できるだけ正確に伝える」19回，「医療をよく理解する」7回など関連カテゴリが多く含まれていま

す。

また近年，医療機関で問題視されているモンスターペイシェントと呼ばれる患者と，その対応に追われる病院側の意向が先行していると推測できる「他の患者に支障を与えない」，「院内ルールを守る」，「他の患者に配慮」，「医療費を遅滞なく支払う」，「医療従事者の職務に支障を与えない」という迷惑行為防止の関連カテゴリも目立ちました。

表17 「患者の責任」出現頻出語

順位	頻出語	出現回数
1	医療に参加	29
2	他の患者に支障を与えない	28
3	医療関係者と共同	24
4	自己の健康状態の情報を提供	22
5	医療に協力	19
6	できるだけ正確に伝える	19
7	院内ルールを守る	12
8	セルフケアの努力	11
9	医療内容をよく理解する	7
10	他の患者に配慮	7
11	医療費を遅滞なく支払う	7
12	医療従事者の職務に支障を与えない	6
13	治療計画変更をスタッフに知らせる	5
14	メンテナンスを受ける	4
15	保険外診療について情報を得る	4

3 患者における権利と責任の行動指針とは

これまでの結果を踏まえ，患者の権利と責任の行動指針となる素案を，「受診前」，「医療行為・医療内容」，「薬」，「医療費」，「コミュニケーション」，「その他」の6項目で分類してみます（表18）。

この分類は，住民の相談・苦情などに対応する医療安全支援センター（厚労省管轄で全国に設置）で受けた相談件数内訳の項目[10]を参考にし，それらにコミュニケーションの項目を追加しました。コミュニケーションは，従来から医療現場で指摘されている課題でもあり，医師のコミュニケーションスキルの稚拙さが医療過誤訴訟に繋がっているという報告もあります。例えば，医療事故訴訟の原告，もしくは法的行動の中心となって活動をしている人を対象とし

た調査結果では，その7割以上が「医療事故自体よりもその後のコミュニケーションが許せなかった」[11]と回答しています。こうした直接，治療自体に関係しない部分での要因があります。

しかし，提供者側だけの問題ではありません。提供者から患者へ，患者から提供者へ治療に関する情報提供や意思が十分図れない間に治療方法が決定され医療が進行する場合もあります。これが生命にかかわる事故やトラブルの発生に繋がるのであれば軽視することはできません。このように医療をめぐるコミュニケーションは，ますます重要になっているという点から注目しました。

表18　医療消費者の権利と責任－行動指針－

	患者の権利	患者の責任
受診前	・医療機関を選択する ・医師を選択する	・伝えたいことはメモして準備する ・自覚症状と病歴を医療者へきちんと伝える ・保険証・公費受給者証を準備し，医療機関に必ず提供する ・問診票は具体的に記載する
医療行為・医療内容	・良質で安全な医療を公平に受ける ・治療方法などを自らの意思で選択（意思決定）する ・自己の情報を得る ・病名，症状，治療内容，回復の可能性，検査内容および危険性について説明を受ける ・十分な説明を受ける ・患者の意思に反する行為を受けない ・治療（医療行為）を拒否する ・治療内容など知りたくない情報について説明を断る ・セカンドオピニオンを利用する	・医療関係者とともに協力し医療に参加する ・自身の健康や症状に関する情報をできるだけ正確に提供する ・医療サービスの内容，質に批判眼をもつ ・適性な医療を受けられるよう自己主張する ・（治療内容・方法など）これからの見通しを聞く ・（症状など）その後の変化を伝える努力をする ・大事なことはメモをとって確認する ・納得できないことは何度でも質問する ・医療にも不確実なことや限界があることを理解する ・治療方法を決める ・治療・診療方法などをよく理解する

第8章　医療消費者の権利と責任とは

薬	・薬の効果とその副作用などに関して<u>説明</u>を受ける ・薬の変更希望（効かない，副作用がある，価格が高いなど）を申し出る ・薬の希望を伝えるあるいは相談する	・どんな薬かよく確認する ・一日何回服用し，一回に使う容量を確認する ・使用法（飲み薬，塗り薬，貼り薬など）を守る ・服用中の薬を把握する（薬手帳を作成し提示） ・飲み合わせの確認をする ・薬を飲む理由を自覚する
医療費	・治療に要した費用（医療費）について<u>説明</u>を受ける ・治療・検査・入院費（保険内・外）を事前に確認する ・不当請求に対する返金を求める	・医療費に対して批判眼をもつ ・領収書を受け取ったら医療費の内訳を確認する ・医療費の支払いを滞りなくする ・領収証を保管しておく ・医療費（診療報酬点数など）に関する疑問点を確認する
コミュニケーション	・私的なことに干渉されない ・従事者の対応改善を要求する ・患者相談窓口を利用する	・治療前にあいさつをする（対話の始まりはあいさつから） ・よりよい関係づくりは患者側にも責任がある ・予約した時間を守る
その他	・個人情報を保護される ・尊厳や自己の秘密を尊重される ・生命・身体・人格・価値観などが尊重される ・診療録の開示を求める ・ハラスメントに対して訴える ・宗教的な援助を受ける ・保健教育を受ける	・**他の患者に迷惑行為及び<u>診療</u>を妨げる行為をしない** ・医療の受療者としての自らの行動が他者に及ぼす影響を自覚する ・医療の受療者としての自らの行動が環境に及ぼす影響を理解する ・擁護を求めて団結し，連帯する ・病院の規則を守る ・指示された家庭療法を確実に行う ・医療提供者とともに力を合わせ権利を守り発展させる

※　表内の太字部分は，医療機関ホームページに掲載される「患者の権利と責任」内容（表14・表15）の上位3位のものである。下線部分は，「患者の権利・責任」出現頻出語（表16・表17）の上位3位に関連するワードである。
出所：薬の項目の責任行動については，上野直人，『最高の医療をうけるための患者学』，p.74，講談社，2006年からも一部抽出している。

表18から考察できることは、患者にとって重要な権利は、あらゆる場面で自らの意思で選択、決定する行動が伴うという点です。意思決定には、判断基準となる情報などの材料が必要で、それには納得できる説明を医療従事者などから得ることが重要です。やはり、医療サービスを受療する場合にも、情報→選択→意思決定→実行という一連の行動形式が当てはまります。

責任の行動内容は、「医療の参加」がキーワードとなりますが、患者の医療参加という表現自体が広い概念であり、表中には多様な行動内容が広く包含されているといえます。

4 医療消費者に不利益を及ぼさない医療事務職の権利と責任

(1) 医療消費者に及ぼす利害の推論

医療現場で働く職員が患者である医療消費者を大切にする行動とは具体的にどのようなことでしょう。本項では、医療事務職が消費者志向の意識をもっている状態、または消費者志向の意識をもっていない状態から生まれる「医療事務職が医療消費者に及ぼす利害」について、その「利益」と「不利益」とは何かを追究します。

① 医療事務職が医療消費者に及ぼす利益

医療事務職に求められるのは、顧客重視の迅速な対応、有効な情報提供、意思決定支援、職務責任として医療関連法律や医療・診療報酬などの知識をもっていることです。また、経費意識、業務円滑のためのコミュニケーション、コーディネーターとしての役割などがあります。これは医師を補佐する能力として不可欠です。

こうした能力をもつ医療事務職が医療消費者に及ぼす利益とは、質の高い医療サービスの受診、診療時間の増加により丁寧で分かりやすい説明が期待できる、卓越した医療サービスにより安心、信頼のおける「かかりつけ医」をもつことができる、などが考えられます。

② 医療事務職が医療消費者に及ぼす不利益

　消費者志向でない医療事務職が引き起こす可能性のある行動には，医療消費者へのサービスや応対意識が低く接遇などが不適切，医療関係者とのコミュニケーションが図れない，情報を収集・提供する能力が低いなどがあります。

　これにより医療消費者へ及ぼす不利益は，医療事務職の不適切な言動・行動が病院あるいは医師，医療関係者への不信感へと繋がり医療消費者の病院離れを招くことや，治療などさまざまな場面で求められる意思決定に対して判断材料となる医療情報が十分に提供されない，病院への不信感が増し信頼できる病院や治療選びが困難になる，などが考えられます。

　二つの見方は推測の域を越えていないかもしれません。しかし近年，重要視されている企業の消費者志向として，企業が地域や社会，地球との共存，社会貢献などを目標に掲げ，法令遵守や人権尊重を重視した顧客主体の経営という概念であるならば，医療も同じです。医療は特異性をもっているとはいえ，医療消費者がお金を払いサービスを主体的に受ける限りは，医療を消費者視点で考えることから目を背けてはならない課題です。

　したがって，医療消費者へ及ぼす利害を踏まえたうえで，医療事務職がもつべき消費者志向の意識として，次の2つが提言できます。一つは，医療事務職が病院組織や社会の一員として，医療にかかわることでもたらす医療消費者へ与える影響を十分理解しなければならない点です。もう一つは，医療消費者の権利を尊重し，ニーズや期待に応えることで，医療事務職の個人および組織に属する一職員として，病院の社会的責任を果たさなければならない，という点です。

(2) **医療事務職の消費者志向とは何か**

　医療事務職に求められる消費者志向の意識に基づく具体的な行動とは何でしょうか。これを議論するためには，基準値となる内容の設定が必要です。

　本章では，企業の消費者志向の指針に依拠し，応用的に考察します。例えば，消費者志向マネジメントシステムNACS基準[12]では，消費者志向経営を実

施・推進するために必要となる指針として、①法令等の遵守および社会倫理を尊重する、②消費者の権利・利益を尊重する、③消費者のニーズを把握し、消費者の満足の実現を図る、④広く消費者に情報公開する、⑤広く消費者とコミュニケーションする、⑥消費者とともに環境保全に取り組む、の6項目を定めています。具体的な取り組み分野における方針策定は9分野あり、①コンプライアンス、②個人情報保護、③商品・サービスの品質・安全、④消費者との取引・契約関連、⑤広告・表示、⑥消費者相談、⑦アフターサービス、⑧環境保全、⑨緊急事態対応、となります。この基準には、組織が消費者の権利を尊重し、消費者ニーズや期待に応えた消費者志向経営を実施・推進していくことにより社会的責任が果たせると考えます。そのために不可欠な要件として定められているのです。この6項目9分野を、先に挙げた消費者志向優良企業等表彰制度の選考要件や、第6章で紹介した川越胃腸病院の事例内容と比較すると、法令遵守や消費者ニーズへの対応、情報収集・提供、環境問題など、および組織体制づくりとその実行力が評価される点などの共通項がみられます。この点から、今後病院の消費者視点が徐々に浸透していることが推察できます。

　ここでは、この指針を応用した医療事務職の医療消費者志向について考案します。企業の消費者志向の6項目を医療消費者志向の基準となる指針に置き換えるならば、①法令遵守・医療倫理の尊重、②医療消費者の権利・利益の尊重、③医療消費者ニーズの把握による患者満足を図る、④医療消費者への医療情報公開、⑤医療消費者とのコミュニケーション、⑥環境保全への取り組み、となります。この指針に関する「病院経営」と「医療事務職」それぞれの医療消費者志向の内容を検討します。

　「病院経営」については、経営側の消費者志向の取り組み、「医療事務職」は医療事務の業務内容を把握したうえで、その業務に該当する消費者視点を考える必要があります。医療事務職の業務内容には、医師事務作業補助者教育研修（補助者の職に就くには最低6カ月間の研修を要する）のプログラムにある診療内容関連、診療録関連、診療データベース関連、カンファレンス関連[13]を盛り込んでみます。また、一般的なクラーク業務（病棟および外来クラーク）

とは，患者対応（入退院患者のカルテ，入院時案内，電話応対など），書類準備，備品・消耗品の確認と在庫管理・発注業務（各種請求書・受領書作成と保管，薬剤の期限切れ確認など），電子カルテ入力支援（電子カルテ操作方法や運用方法の把握，コンピュータでデータ作成など），診療補佐（案内，メッセンジャー，予約受付など）などです。先述の医療事務および医療クラークのどちらの職種にも関連した内容を含んでおり，医療事務職はこうした幅広い業務に携わることが期待されていることを再確認しておきます。

以上を整理すると，表19のような行動内容が考えられます。

表19　病院経営と医療事務職の医療消費者志向

指　針	病 院 経 営	医療事務職
① 法令遵守・医療倫理の尊重	・医療安全対策の徹底 ・法的責任の正しい理解 ・個人情報保護 ・情報漏洩の防止 ・インフォームド・コンセントの徹底 ・各省庁からの通達遵守	・医療関係法令の知識を備えている ・守秘義務が守れる ・患者情報保護を遵守できる ・不正会計を防止できる ・医師のケアレスミスを未然防止できる
② 医療消費者の権利・利益の尊重	・患者の権利（平等・最善の医療，自由選択・自己決定，個人の尊重） ・苦情申し立ての受理 ・医療機関から地域・社会へ向けた情報発信 ・危機管理（災害・防災など）	・8つの患者の権利を理解した行動が取れる ・患者の意思決定を促し尊重できる ・患者の人間性を尊重できる ・災害・防災など ・不測事態に対応できる
③ 医療消費者ニーズの把握による患者満足を図る	・医療保険制度の円滑運用 ・緊急時の対策 ・医療安全対策の実施 ・医療消費者満足度調査の実施 ・セカンドオピニオンの受入れ ・医療サービス充実のためにISO 9000の認証取得	・診療報酬請求事務の知識を備えている ・診療以外の付帯サービスを充実させることができる ・問い合わせやクレームなどに的確に応対できる ・医学基礎知識をもった医療サービス提供ができる ・不測事態へ迅速に対応できる ・院内のクレーム内容の情報共

			有ができ，その対策が取れる
④	医療消費者への医療情報公開	・医療情報の透明化 ・診療録，検査結果の情報開示 ・院内情報の提供 ・患者教育の実施 ・医療事故に対する適切な対応 ・医師に関する情報 ・手術件数や治療方法などの広告（2002年4月～）	・情報開示の請求に対して迅速に書類作成ができる ・院内・院外の医療情報に敏感であり活用できる ・院内組織や地域病院の情報に精通しており適切な収集，活用ができる ・患者や医師などに適切かつ有効な情報提供ができる
⑤	医療消費者とのコミュニケーション	・患者主体のチーム医療の体制 ・分かりやすい説明 ・十分な診療時間 ・誤解・確認ミスによる事故の未然防止 ・会話中心の対応	・礼儀や気配り，敬語の使い方，電話応対，挨拶など一般的なマナーが備わっており適切に対応できる ・入院や検査など患者へ適切で不安を与えない話し方や説明ができる ・職員以外のスタッフとよりよい対人関係を築ける
⑥	環境保全への取り組み	・ISO 14001の認証取得 ・医療廃棄物処理の徹底 ・コスト管理	・廃棄物を削減し在庫を抱えない管理能力がある ・無駄なコストを抑制できる ・環境に配慮した消耗品の積極的利用ができる ・医療器具などの廃棄物分別と適切な処分の仕方を知り，それが守れる

　利己主義，病院利益を優先するような医療事務ならば，消費者視点の行動は取れないはずです。病院の役割や医療という行為を，生命ある一人の人間の命を救うために，医療消費者を中心に置き，その周辺を医療従事者が取り巻き，この集団が一つの共同体となって治療に当たることこそ，チーム医療は成し遂げられるのではないでしょうか。こうした構図の基本となるのが「病院経営」で示したような医療消費者志向となります。また医療事務職は，その業務に従

事する者として必要な「医療事務職の医療消費者志向」が求められます。それゆえに，広範囲な知識や技能，経験をかね備えた人材が要求されるのです。

　安全でよい医療とは，決して医療従事者側の努力だけで実現するものではありません。必ず受療者である患者本人の協力が欠かせないことが理解できたのではないでしょうか。

　医師の患者への説明や確認，患者の医師への説明や返答，この両者の会話の間で言葉不足などがあると，誤解や解釈のズレを生み，医療トラブルの発生要因に繋がります。ズレにより発生するヒヤリハットや医療ミス，医療事故の未然防止には，医療機関側が患者へ的確な質問を行い状況把握に努めること，医療情報が患者との共同である点，これが鍵となります。例えば，問診では細部にわたり確認がなされ，合わない抗生物質などについて確認するなどがあります。患者も治療をするうえで重要な情報を主体的に提供する必要があります。その情報とは，患者から提供者への既往歴や病気の症状や経過，服用中の薬，アレルギー，生活習慣などできる限り明確に伝えること（患者本人が伝えられる状態でない場合はその家族）で，医師が診断や治療方法，検査，与薬を決める判断材料となります。患者は何らかの病気や怪我を抱え体調不良という悪条件の状態ではありますが，情報提供という形で医療に参加し安全な医療を確保します。また，普段から症状や異変などを記録しておくことも患者の責任行動です。病状や症状によっては，家族などのサポートも必要です。

　医療消費者に，真の医療安全への患者参加として，どのような意識でそのような行動を取ることが望ましいのかを教え，医療にかかわる消費者の能力を高め養う機会が消費者教育という領域の役割といえます。その物差しとなるのが「患者の権利と責任行動」です。病気になり意思表示がうまくできない状態により，何らかの不利益を被る結果を招くことを避けるためだけではなく，不利益を事前に防止するためでもあります。こうした意味からも，患者における権利と責任行動というよりは，患者に限定しない『医療消費者（医療にかかわるすべての消費者）の権利と責任』と言い換えることができます。

　本書では，一人の消費者（生活者）として自分の生命や生活を護るために，

医療の消費行動について考えてきました。また，医療消費者の権利と責任を果たしていくことが求められることが分かりました。その一方で，医療に従事する者は患者を消費者視点で捉えた意識とその行動が医療の安全性を高めることが明らかになったといえます。こうした観点を認識し，医療の安全をより可能にしていくうえで，医療消費者の用語を正しく理解し，医療消費者志向の考え方を発展的に促す情報提供への工夫や，教育方法を検討することが今後の課題となります。

【引用・参考文献】

【第1章】

1) 村松司叙,『現代経営学総論』, 中央経済社, 2004年。
2) 山城章・森本三男,『入門経営学』, 実教出版, 1991年。
3) 高内俊一,「企業の社会的責任と法的責任」『ジュリスト』578, p.90, 1975年。
4) 三宅耕三,「消費者教育の展望－消費者教育に対する企業の対応に関する考察」『消費者教育』第5冊, pp.39-57, 1986年。
5) 柴川林也,『経営学演習』, pp.14-15, 同文舘, 1985年。
6) 経済同友会編訳,『企業の社会的責任』, p.16, 鹿島研究所出版会, 1972年。
7) Howard R. Bowen,「Social Responsibilities of the Businessman」『New York』, Harper & Brothers, 1953年。
8) 経済同友会編訳,『企業の社会的責任』, 鹿島研究所出版会, 1972年。
9) 財団法人日本医療機能評価機構医療事故防止センター,「医療事故情報収集等事業平成17年年報」,
   http://www2.jcqhc.or.jp/html/documents/pdf/med-safe/year_report.pdf, 2009年4月参照。
10) 財団法人日本医療機能評価機構医療事故防止センター,「医療事故情報収集等事業平成19年年報」,
    http://www2.jcqhc.or.jp/html/documents/pdf/med-safe/year_report_2007.pdf, 2009年4月参照。
11) 安部博人,「病院の社会的責任－CSRからの視点」『病院』64(6), pp.454-457, 2005年。

【第2章】

1) 川村匡由編,『シルバーサービス論』, p.18, ミネルヴァ書房, 2005年。
2) 三好明夫,「介護保険制度の導入と高齢者の権利擁護」『日本家政学会誌』51(10), pp.987-993, 2000年。
3) 大曾根寛,「成年後見と社会福祉法制」, pp.190-194, 法律文化社, 2000年。
4) 大林美秋,「介護サービスに消費者の権利を」『ふれあいケア』7(12), pp.20-22, 2001年。
5) 木間昭子,「介護サービスをめぐる消費者トラブルの特徴と問題点」『月刊国民生活』35(9), pp.19-22, 2005年。
6) 例えば, H.A.サイモン, 松田武彦・高柳暁・二村敏子,『経営行動－経営組織における意思決定プロセスの研究－』, ダイヤモンド社, 1989年。宮川公男,『意思決定論』, p.47, 中央経済社, 2005年。

7) 医療消費者の観点で捉えた研究として例えば，上原鳴夫,「医療の質を考える（中）－政府と医療消費者の取り組み」『からだの科学』172, pp. 105－109, 1993年。佐藤悦子・泉宗美恵・吉澤千登勢,「主介護者である妻によって語られた看護の連携の意味」『山梨県立看護大学紀要』7, pp. 73－81, 2005年。

【第3章】

1) 今村都南雄,「ガバナンスの観念」『季刊行政管理研究』68, pp. 1－2, 1994年。
2) Rhodes, R. A. W：Understanding Governance：Policy Networks. Governance, Reflexivity and Accountability Open University Press, 53, 1997年。
3) 戸政佳昭,「ガバナンス概念についての整理と検討」『同志社政策科学研究』1(2), pp. 307－326, 2000年。
4) 中邨章,「行政学の新潮流－『ガバナンス』概念の台頭と『市民社会』－」『季刊行政管理研究』96, pp. 3－14, 2001年。
5) 真山達志,「地方分権の展開とローカル・ガバナンス」『同志社法學』54(3), p. 918, 2002年。
6) 宮川公男・山本清,『パブリック・ガバナンス－改革と戦略』, p. 13, 日本経済評論社, 2002年。
7) 高橋万由美,「多元的福祉と当事者選択の拡大」, 武智秀之編,『福祉国家のガヴァナンス』, pp. 207－208, ミネルヴァ書房, 2003年。
8) 神野直彦・澤井安勇,『ソーシャル・ガバナンス』, pp. 40－41, 東洋経済新報社, 2004年。
9) 河島伸子,「『ガバメント』から『ガバナンス』へ(2)NPOと行政の協働」『月刊福祉』87(11), pp. 96－99, 2004年。
10) 加茂利男,「福祉国家とガバナンス－スウェーデンからのレポート」『政策科学』11(3), p. 271, 2004年。
11) 神野直彦・澤井安勇,『ソーシャル・ガバナンス』, pp. 45－46, 東洋経済新報社, 2004年。
12) 加護野忠男・角田隆太郎・山田幸三・(財)関西生産性本部,『日本企業の経営革新』, pp. 46－47, 白桃書房, 1998年。
13) 片岡信之,『現代企業の所有と支配－株式所有論から管理的所有論へ－』, 白桃書房, 1992年。
14) 本間正明,「コーポレート・ガバナンス（やさしい経済学)」『日本経済新聞』, 1994年2月5日～11日掲載。
15) 金子勇,『高齢社会とあなた－福祉資源をどうつくるか－』, p. 59, 日本放送出版協会, 1998年。
16) 佐橋慶,「高齢者教育についての私の提言『共に学び育つ場づくりが急務』」『文部時報』1221, pp. 9－10, 1979年。
17) 牧里毎治,『地域福祉論』, pp. 9－10, (財)放送大学教育振興会, 2003年。

18) 川口清史,「社会的経済と地域福祉」, 栃本一三郎編,『地域福祉の広がり』, pp.86-87, ぎょうせい, 2002年.
19) 澤井勝,「自治体における地域福祉政策の位置づけ」, 大森彌編,『地域福祉と自治体行政』, pp.53-54, ぎょうせい, 2002年.
20) ベンクト・ニィリエ,『ノーマライゼーションの原理』, 河東田博・橋本由紀子・杉田穏子・和泉とみ代（訳編）, pp.23-28, 現代書館, 2000年.
21) 内閣府, 第5回高齢者の生活と意識に関する国際比較調査,
 http://www 8.cao.go.jp/kourei/index.html.
22) 外山義（監修）,『VTR 安心して老いるために資料(1)北欧の老人ケアシステム』, 岩波ホール.
23) 永田幹夫,『改訂 域福祉論』, pp.45-46, 全国社会福祉協議会, 1993年.
24) 羽生正宗,『医療機関の内部通知システム-HSR（病院の社会的責任）体制の構築-』, p.169, 中央経済社, 2006年.
25) 羽生正宗,『医療機関の内部通知システム-HSR（病院の社会的責任）体制の構築-』, pp.172-174, 中央経済社, 2006年.

【第4章】

1) 消防庁,『救急車を上手に使いましょう～救急車必要なのはどんなとき？～』, http://www.fdma.go.jp/, 2011年参照.
2) 巻正平,『コンシューマリズム-立ち上がる消費者-』, pp.176-179, 日本経済新聞社, 1971年.
3) David A. Aaker and George S. Day,「コンシューマリズム-消費者の利益のために-」, 谷原修身・今尾雅博・中村勝久（共訳）, ラルフ・ネーダー,『アメリカの大きなごまかし』, pp.1-2, 千倉書房, 1985年.
4) リチャード・L. D. モース,『The Consumer Movement アメリカ消費者運動の50年-コルストン・E. ウォーン博士の講義-』, 小野信夸監訳, p.219, 批評社, 1996年.
5) Haug, M. R., & M. B. Sussman: Professional Autonomy and the Revolt of the Client. Soc. Problem 17, pp.153-160, 1969年. 進藤雄三,『医療の社会学』, p.131, 世界思想社, 1990年.
6) Reeder, L. Gl: The Patient-Client as a Consumer: Some Observation on the Changing Professional-Client Relationship. J. Hlth Soc. Behav. 13, pp.406-412, 1972年. 進藤雄三,『医療の社会学』, pp.130-131, 世界思想社, 1990年.
7) 上原鳴夫,「アメリカ医療における医療消費者運動」『病院』59(7), pp.580-587, 2000年.
8) George J. Annas, 上原鳴夫・赤津晴子（訳）,『患者の権利』, pp.30-65, 日本評論社, 1992年.
9) 長宏,『患者運動』, p.89, 勁草書房, 1978年.

10) 長宏,『患者運動』, p.195, 勁草書房, 1978年.
11) 松田洋一,「コンシューマリズム－その原理と運動－」『保険学雑誌』464, pp.41-62, 1974年.
12) 安部文彦,「コンシューマリズムの生成と展開－合衆国を中心としたマーケティングの視点」『琉球大学経済研究』29, pp.1-27, 1985年.
13) 宮田幸吉,「コンシューマリズム過程」『国士舘大学政経論叢』17, pp.69-94, 1972年.
14) David A. Aaker and George S. Day,「コンシューマリズム－消費者の利益のために－」, 谷原修身・今尾雅博・中村勝久（共訳）, ラルフ・ネーダー,『アメリカの大きなごまかし』, pp.1-2, 千倉書房, 1985年.
15) 安部文彦,「コンシューマリズムの生成と展開－合衆国を中心としたマーケティングの視点」『琉球大学経済研究』29, pp.1-27, 1985年.
16) Richard H. Buskirk and James T. Rothe, "Consumerism－An Interpretation", Journal of Marketing, 34, p.62, 1970年.
17) 宇野政雄,『新マーケティング総論』, pp.94-96, 実教出版, 1974年.
18) 西村周三,『現代医療の経済学的分析』, 東洋経済新報社, 1987年.
19) 辻本好子,「医療と消費者－患者の主体的医療参加を目指して」『国民生活』28(2), pp.22-27, 国民生活センター, 1998年.
20) Hogg, C., Patients, Power & Politics, London：Sage Publications, 1999年.
21) 望月智行・児玉安司・朝日健二・広井良典,「医療における『消費者』の意味」『病院』59(7), pp.558-565, 医学書院, 2000年.
22) 鈴木久雄,「保険者は消費者の代理人たりうるか」『病院』59(7), pp.575-579, 医学書院, 2000年.
23) 広井良典,「消費者（患者）の声／ニーズの吸収」『病院』59(7), p.557, 医学書院, 2000年.
24) 望月智行・児玉安司・朝日健二・広井良典,「医療における『消費者』の意味」『病院』59(7), pp.558-565, 医学書院, 2000年.
25) 埴岡健一,「医療情報の収集と活用－医療消費者の立場から－」『病院』60(1), pp.35-39, 医学書院, 2001年.
26) 望月智行,「病院経営における消費者志向」『経済産業ジャーナル』34(6), pp.10-12, 経済産業省大臣官房広報室・経済産業調査会編, 2001年.
27) 佐藤典久,「医療消費者の視点をもたない・もてない医療機関は淘汰される…」『Phase 3』2月号, pp.2-5, 日本医療企画, 2002年.
28) 井伊雅子,「消費者の需要行動と医療の質から」『患者のための医療』1(4), pp.733-738, 篠原出版新社, 2003年.
29) 和田努,「医療の世界が変わりはじめた」『先見経済』48(1), pp.59-61, 清和会, 2003年.
30) 井部俊子監修, 島田多佳子,「医療消費者としての患者」『Nursing Today』19(8), pp.52-54, 日本看護協会出版会, 2004年.

31) 中山健夫,「厚生労働科学研究『根拠に基づく診療ガイドラインの適切な作成・利用・普及に向けた基盤整備に関する研究：患者・医療消費者の参加推進に向けて』のご紹介」『あいみっく』25(3)・(4), pp.13-16, 国際医学情報センター, 2004年。
32) 「『医療消費者』の誕生」『日経メディカル』35(6), pp.58-60, 日経BP社, 2006年。
33) 望月智行・児玉安司・朝日健二・広井良典,「医療における『消費者』の意味」『病院』59(7), pp.558-565, 医学書院, 2000年。
34) 井部俊子監修, 島田多佳子,「医療消費者としての患者」『Nursing Today』19(8), pp.52-54, 日本看護協会出版会, 2004年。国民所得に対する医療費の割合は, 平成13年度8.6％, 平成16年度8.9％と年々増えている（厚生労働省）。
35) 高橋泰行,「消費者（患者）の声への対応」『病院』59(7), pp.588-582, 医学書院, 2000年。

【第5章】

1) 山崎嘉之,「医療市場における厚生損失の評価について-Riceの所説とそれをめぐる議論-」『川崎医学会誌（一般教）』(25), pp.113-129, 川崎医科大学, 1999年。
2) 辻本好子,「医療と消費者-患者の主体的医療参加を目指して」『国民生活』28(2), pp.22-27, 国民生活センター, 1998年。
3) 井部俊子監修, 島田多佳子,「医療消費者としての患者」『Nursing Today』19(8), pp.52-54, 日本看護協会出版会, 2004年。
4) 宝住与一,「情報開示や患者教育により消費者が医療を評価できる環境づくりに取り組むべき」『ばんぶう』(254), pp.140-142, 日本医療企画編, 2002年。
5) 粂和彦,「アメリカにおける医療消費者運動」『患者のための医療』1(2), pp.224-226, 篠原出版新社, 2002年。
6) 安部文彦,「合衆国における消費者運動の展開-19世紀後半より20世紀初頭-」『琉球大学経済研究』(27), pp.1-20, 琉球大学法文学部, 1984年。

【第6章】

1) 酒井武,『病院事務改善試案』, p.84, 産業労働調査所, 1989年。
2) 高橋政祺,『病院管理学入門』, p.25, 医学書院, 1999年。
3) 飯田修平・田村誠・丸木一成,『医療の質向上への革新』, pp.14-15, 日科技連出版社, 2005年。
4) エルゼビアン・ジャパン医療経営情報部編,『医療変革時代の事務職員の役割と課題』, p.16, エルゼビア・ジャパン, 2003年。
5) 奥村悳一,『経営管理論』, pp.49-50, 有斐閣, 1997年。
6) 酒井武,『病院事務改善試案』, pp.22-23, 産業労働調査所, 1989年。
7) 富家孝・阿部雄二,『病院経営管理学序論』, pp.48-49, 評伝社, 1987年。
8) 間嶋崇,『組織不祥事-組織文化論による分析-』, p.20, 文眞堂, 2007年。

9) 酒井武,『病院事務改善試案』, p.16, p.31, 産業労働調査所, 1989年.
10) 祖慶実・山﨑英樹・荒田弘司,『医療現場の顧客満足と業務改善』, pp.27-28, 同友館, 2003年.
11) 真野俊樹,『医療のマーケティング』, pp.77-78, 日本評論社, 2005年.
12) 今中雄一・荒記俊一・村田勝敬・信友浩一,「医師および病院に対する外来患者の満足度と継続受診意志におよぼす要因－総合病院における解析」『日本公衆衛生雑誌』40(8), pp.621-635, 1993年.
13) (財)日本医療機能評価機構, 病院機能評価統合版評価項目Ｖ6.0,
http://jcqhc.or.jp/html/documents/pdf/v6.pdf, 2010年参照.
14) 前田泉・徳田茂二,『患者満足度 コミュニケーションと受療行動のダイナミズム』, 日本評論社, 2003年.
15) 長谷川万希子,「患者満足度による医療の評価」『病院管理』30(3), pp.31-41, 1993年.
16) 厚生労働省, 平成20年度受療行動調査の概況,
http://www-bm.mhlw.go.jp/toukei/saikin/hw/jyuryo/09/pdf/kekkagaiyou.pdf, 2010年参照.
17) (財)日本産業協会,『実践消費者志向経営』, 産能大学出版部, 2001年.
18) 黒川清・尾形裕也,『医療経営の基本と実務 下巻［管理編］』, p.38, 日経メディカル開発, 2006年.

【第7章】

1) 進藤雄三,『医療の社会学』, 世界思想社, 1990年.
2) 厚生労働省,「平成17年受療行動調査の概要」,
http://www.mhlw.go.jp/toukei/saikin/hw/jyuryo/05/kekka4.html, 2011年1月参照.
3) (財)日本医療機能評価機構 医療事故防止事業部,「医療事故情報等事業 平成17年～21年度年報」,
http://www.med-safe.jp/contents/report/index.html, 2011年1月参照.
4) 阿部正和,「序論」, 日本医学教育学会編,『期待される医師のマナー／実践をめざして』, p.13, 篠原出版, 1988年.
5) 日本医学教育学会・倫理・行動科学小委員会・準備教育小委員会編『人間学入門－医療のプロをめざすあなたに－』, p.66, 南山堂, 2009年.
6) 実地医家のための会, 阿部正和編,『第9巻 医師養成－医学教育を中心に』, p.224, 日本評論社, 1988年.
7) 高橋政祺,『医療学入門』, p.33, 医学書院, 1999年.
8) 安達秀雄,『医療危機管理』, p.87, メディカル・サイエンス・インターナショナル, 2001年.
9) 我妻千鶴,『たくさんの小さな光に囲まれて－地域医療の日々－』, pp.2-3, p.24,

いずみ，2001年。
10) 栗原敏，『医療入門－よりよいコラボレーションのために－』，p.80，医学書院，2006年。
11) 最高裁判所，「医事関係訴訟事件の処理状況および平均審理期間」，
http://www.courts.go.jp/saikosai/about/iinkai/izikankei/toukei_01.html，2011年1月参照。
12) 厚生労働省，「第4次国民生活審議会答申」，
http://wp.cao.go.jp/zenbun/kokuseishin/spc04/toushin/spc04-toushin-0.html，2010年3月参照。
13) 21世紀医療フォーラム良い医者，良い医療を創るプロジェクト，「今，医師の育成に何が必要か」，
http://medical.nikkeibp.co.jp/leaf/all/gdn/trend/200906/511172.html，2011年1月参照。

【第8章】

1) 日本消費者教育学会編，『消費生活思想の展開』，p.165，税務経理協会，2005年。
2) 飯田修平，『[新版] 医療安全管理テキスト』，p.13，日本規格協会，2010年。
3) 例えば，和田仁孝，「メディエーションと医療安全」『医療安全』26，エルゼビア・ジャパン，2010年。宗像雄，「あらためて『医療安全』について考える」『医療安全』26，エルゼビア・ジャパン，2010年。
4) 「メディエーションと医療安全」『医療安全』26，pp.54-60，エルゼビア・ジャパン，2010年。
5) 例えば，武村雪絵・佐々木美奈子・松谷千枝他，「医療の安全性を高める患者参加のあり方」『医療安全』，pp.62-67，エルゼビア・ジャパン，2005年。
6) 例えば，日本医学ジャーナリスト協会（編），『患者の権利宣言と医療職の倫理綱領集－日英文対照－』，pp.7-19，興仁舎，2003年。権利の内容を理解しやすくするために，④～⑥については一部表現を変えている。
7) 患者の諸権利を定める法律案要項（患者の権利法をつくる会），患者権利章典（東京都立病院倫理委員会），患者の権利章典（アメリカ病院協会），ヨーロッパにおける患者の権利の促進に関する宣言患者の権利（患者の権利に関するヨーロッパ会議），患者の安全に関するWMAワシントン宣言（世界医師会）などがある。
8) NPO法人ささえあい医療人権センターCOML，「新・医療にかかわる10箇条」，http://www.coml.gr.jp/10kajyo/index.html，2012年参照。
9) 広島市医療安全支援センター，「医療機関にかかわる場合の心構え」，http://www.city.hiroshima.lg.jp/www/contents/0000000000000/1235985890319/files/anzen1.pdf，2012年参照。
10) 医療安全支援センター総合支援事業，「平成21年度医療安全支援センターの相談受付件数・内訳」，

http://www.anzen-shien.jp/information/pdf/jyoho_2009.pdf，2012年参照．
11）　山口毅・東醇・阿部康一他，『医療事故と診療上の諸問題に関する調査報告書』，
　　　医療事故市民オンブズマンメディオ，2003年．
12）　（社）日本消費生活アドバイザー・コンサルタント協会，「消費者志向マネジメント
　　　システムの指針〜消費者志向マネジメントシステムNACS基準〜」，
　　　http://www.nacs.or.jp/coms/sisin.pdf，2008年参照．
13）　全日本病院協会，「平成20年度医師事務作業補助者研修会実施要領」，
　　　http://www.ajha.or.jp/about_us/activity/zen/080610.pdf，2009年参照．

　本書は，以下の学会誌に掲載された単著および共著で執筆したものに加筆・修正・削除を加えたものである．
　第2章は，「被介護者と家族介護者における『介護サービス消費』の意思決定プロセス」『川崎医療福祉学会誌』17(1), pp. 223−228，川崎医療福祉学会，2007年．第3章は，「家族・施設・地域の福祉ガバナンス」『川崎医療福祉学会誌』15(2), pp. 511−519，川崎医療福祉学会，2006年．第4章は，「医療消費者とは何か−患者運動の根本思想とコンシューマリズムの再興」『川崎医療福祉学会誌』18(2), pp. 201−209，川崎医療福祉学会，2009年．第5章は，「『医療消費者』の変遷からみた消費者教育研究への展望」『消費者教育』第28冊，pp. 41−50，日本消費者教育学会，2008年．第6章は，「病院組織の医療消費者志向−医療サービス提供者としての医療事務職の役割−」『消費者教育』第30冊，pp. 77−86，日本消費者教育学会，2010年．第7章は，「医療従事者の消費者参加を醸成する消費者教育−医師を中心として−」『消費者教育』第31冊，pp. 147−156，日本消費者教育学会，2011年．第8章は，「医療安全に関する消費者教育の可能性−患者の権利と責任の観点から−」『消費者教育』第32冊，pp. 147−156，日本消費者教育学会，2012年．および「医療消費者志向の考案に関する一研究−医療事務職が及ぼす消費者利害の追求から探る−」『消費者教育』第29冊，pp. 37−46，日本消費者教育学会，2009年．

著者紹介

田村　久美（たむら・くみ）
1970年　広島県生まれ。
奈良女子大学大学院
　人間文化研究科複合領域科学専攻　博士後期課程修了（学術博士）
現　在
　川崎医療福祉大学　医療福祉マネジメント学部
　　医療秘書学科　准教授
　川崎医療福祉大学大学院　医療福祉マネジメント学研究科
　　医療秘書学専攻　指導教員補佐

医療消費者論

平成28年4月1日　初版第1刷発行

著　　者	田村　久美	
発 行 者	大坪　克行	
発 行 所	株式会社　泉文堂	

〒161-0033　東京都新宿区下落合1-2-16
電話　03(3951)9610　FAX　03(3951)6830

印 刷 所　有限会社　山吹印刷所
製 本 所　牧製本印刷株式会社

©Kumi Tamura　2016　Printed in Japan　　　　（検印省略）

本書の無断複写は著作権法上での例外を除き禁じられています。複写される場合は、そのつど事前に、(社)出版者著作権管理機構（電話 03-3513-6969、FAX 03-3513-6979、e-mail : info@jcopy.or.jp）の許諾を得てください。

JCOPY ＜(社)出版者著作権管理機構 委託出版物＞

ISBN978-4-7930-0396-7　C3034